编辑小组

陈红彦　谢冬荣　萨仁高娃　刘　波
常芬心　刘毅超　刘　婷　于　瑞

中国典籍与文化
第十四辑

国家图书馆古籍馆
《中国典籍与文化》编辑部 编

讲座丛书
第二编

国家图书馆出版社

图书在版编目(CIP)数据

中国典籍与文化. 第十四辑/国家图书馆古籍馆,《中国典籍与文化》编辑部编. —北京:国家图书馆出版社,2021.12
(中国典籍与文化讲座丛书. 第二编)
ISBN 978－7－5013－7418－2

Ⅰ.①中… Ⅱ.①国… ②中… Ⅲ.①古籍—中国—文集 ②中华文化—文集 Ⅳ.①K203－53

中国版本图书馆 CIP 数据核字(2021)第 276727 号

书　　名	中国典籍与文化(第十四辑)
著　　者	国家图书馆古籍馆　《中国典籍与文化》编辑部　编
责任编辑	乔　爽
封面设计	程言工作室
出版发行	国家图书馆出版社(北京市西城区文津街 7 号 100034) (原书目文献出版社　北京图书馆出版社) 010－66114536　63802249　nlcpress@nlc.cn(邮购)
网　　址	http://www.nlcpress.com
排　　版	京荷(北京)科技有限公司
印　　装	北京武英文博科技有限公司
版次印次	2021 年 12 月第 1 版　2021 年 12 月第 1 次印刷
开　　本	787×1092　1/16
印　　张	12
字　　数	148 千字
书　　号	ISBN 978－7－5013－7418－2
定　　价	60.00 元

版权所有　侵权必究

本书如有印装质量问题,请与读者服务部(010－66126156)联系调换。

目 录

中国科举制度概说／张希清／1

唐五代科举与婚姻观念的变迁／金滢坤／49

明代科举制度／毛佩琦／67

清代科举文化的特点／李世愉／83

科举停废 110 年祭／刘海峰／111

中国科举的多重功能及现代启示／郭培贵／141

从学以为己到事事关心
——中国教育的特色与反省／李弘祺／163

张希清

中国科举制度概说

　　张希清，北京大学历史学系教授，中华炎黄文化研究会科举文化研究分会主席团名誉主席，中国范仲淹研究会副会长兼学术委员会主任。曾任北京大学中国古代史研究中心主任、历史文化研究所所长，中国宋史研究会副会长，中华炎黄文化研究会常务副会长等职。主要学术著作有：《中国科举考试制度》《宋朝典制》《中国科举制度通史·宋代卷》等。主编有：《中华文明史》(辽宋夏金卷)、《10～13世纪中国文化的碰撞与融合》、《澶渊之盟新论》、《中国科举制度通史》(五卷本)、《儒藏》(史部)等。《中国科举制度通史》(五卷本)曾荣获北京大学第十三届人文社会科学研究优秀成果一等奖（2017年）、第四届中国出版政府奖图书奖提名奖（2017年）、第五届郭沫若中国历史学奖三等奖（2019年）、教育部第八届高等学校科学研究优秀成果奖（人文社会科学）二等奖（2020年）等。

科举制度是朝廷开设科目，士人可以自由报考，主要以考试成绩决定取舍的选拔官员的制度。它与世卿世禄制度、察举制度等选拔官员的制度不同，其中起主要作用的不是血缘关系，也不是举荐，而是考试成绩。中国科举制度创始于隋，确立于唐，完备于宋，而延续至元、明、清，前后经历了一千三百年之久。中国从隋唐到明清大多数著名政治家都是通过科举选拔出来的。另外，通过科举还造就了大批思想家、文学家和著名学者。可以说，这一千三百年间，几乎所有的知识分子都与科举有关。中国科举制度还曾被朝鲜、越南等东方国家所仿效，并被近代欧美等西方国家所借鉴。科举制度不但在中国历史上乃至世界历史上起过非常重大的作用，而且至今仍然有着相当广泛的影响。

刚才主持人说我是研究科举的，我为什么选择研究科举？第一，科举制度如上所说，是中国古代一项非常重要的政治制度。第二，我的导师邓广铭先生对宋代的典章制度有非常精深的研究，我跟邓先生学习宋史，受邓先生的影响，硕士论文的题目就选择了《北宋科举制度研究》。第三，与我个人的身世经历有关。我父母是在河南濮阳乡下种地的，三代贫农。《神童诗》里有一首诗说："朝为田舍郎，暮登天子堂。将相本无种，男儿当自强。"1964年，通过高考，我考上了北京大学，从一个偏僻的农村来到天子脚下读书，也可以说是"朝为田舍郎，暮登天子堂"了。当时如果想走出农村，只有两条道路，一是参军当兵，二是读书考大学。其实这也是古人走出农村的两条道路，即"从军"与"科举"。我对科举似乎更有一些切身的感受，所以就选择了研究科举。

今天准备讲五个大问题，第一，科举制度的定义与起源，也就是什么是科举制度？科举制度起源于何时？第二，科举考试方法。第三，科举考试内容。第四，科举及第与授官。第五，科举制度在中国历史上的地位和作用，也就是对科举制度的评价。

一、科举制度的定义与起源

（一）科举制度的定义

关于什么叫科举？学界有很多种说法，至今仍然众说纷纭，使人莫衷一是。我曾经在《河南大学学报（社会科学版）》2007年第5期上发表过一篇文章，题目是《科举制度的定义与起源申论》，对科举制度的定义与起源进行了梳理和讨论。根据我的研究，关于科举制度的定义，过去大概主要有四种说法：

第一种是"分科举人"说。这是一种传统的说法。比如早在1939年，周谷城在他编著的《中国通史》中就说："科举制，盖取分科目而举士人之义。"①1960年，韩国磐在《略述科举制度》一文中也说："所谓科举，就是分科举人。"②

第二种是"按科取士、考试进用"说。如1977年，沈任远在《隋唐政治制度》中说："科举即是以科目考试选举人才。"③1989年，黄留珠在《中国古代选官制度述略》中也说："所谓科举制度，就是按照不同的科目通过考试来选取人才的考试制度。"④

第三种是"三要素"说。这是1934年邓嗣禹提出来的。他在《中国科举制度起源考》中说："须知科举考试，必由应试人于一定时期，投牒自进，按科应试。公同竞争，试后有黜落，中试者举用之；然后为真正考试。"⑤半个世纪之后，即1983年，何忠礼在《科举制起源辨析——兼论进士科首创于唐》中，提出科举制度应具备三个特点："第一，士子应举，原则上允许'投牒自进'，不必非得由公卿大臣或州郡长官特别推荐。……第二，'一切以程文去留'。换言之，举人及第或黜落必须通过严格的考校才能决定。第三，以进士科为主要取士科目，士人定期赴试。"然后给科举制度下了一个定义："它是一种以'投牒自进'为主要特征，以试艺优劣为决定及第与否的主要标准，以进士科为主要科目的选官制度。"⑥三个要素，第一是"投牒自进"，就是自己报名，不需要推荐。第二是完全以考试成绩决定取舍。第三是以进士科作为主要的考试科目。

第四种是"广义、狭义"说。刘海峰在《科举制的起源与进士科的起始》等文中说:"'科举'一词有广义与狭义之分。广义的科举指分科举人,即西汉以后分科目察举或制诏甄试人才授予官职的制度;狭义的科举指进士科举,即隋代设立进士科以后用考试来选拔人才授予官职的制度。"⑦他认为科举有广义和狭义之分,广义的就是"分科举人",狭义的就是以进士科考试来选拔官员。

  以上四种说法,我认为表述得都不太确切。1993年,我曾经对科举制度下过一个定义,即:"科举制度是朝廷开设科目,士人可以自由报考,主要以考试成绩决定取舍的选拔官员的制度。"⑧我这个定义只有38个字,包括三个要素和一个实质,比"三要素"说更为确切和简练。第一个要素是"朝廷开设科目"。其一,"朝廷"表明是国家规定的统一考试;其二,没有说"以进士科为主要取士科目",只是说"开设科目"。这是因为科举的科目,从大的方面来说,有贡举(文举)、武举,这属于常科;还有制举,就是皇帝临时下诏选拔特殊人才直接授官的考试,也叫"特科"。还有15岁以下的少年儿童参加的考试,叫童子举。在这些科目下面还有分科,像贡举,现在大家知道的是进士科,其实在唐朝,除了进士之外还有明经,明经又分五经、三礼、三传、三史等。在隋朝及唐初,恐怕并非"以进士科为主要取士科目"。在宋朝,除了进士、明经以外还有诸科,诸科里边又分九经、五经、三礼、三传、三史、明法、学究等很多科目。只是在王安石变法之后,废除明经、诸科,改为以进士一科取士,进士科才完全成为主要取士科目。因此,在科举的定义中不必列举具体的科目,只说"朝廷开设科目"反而更确切、更简练。

  第二个要素是"士人可以自由报考"。我这个表述在"自由报考"前边加了"可以"两个字,因为科举考试里的贡举,就是一般的常科,从唐代以来就是自由报考的,但制举甚至有时候武举却是需要官员推荐的,也就是说不能自由报考。由此可以看出,武举与制举还保留有察举制度的残余,但是它们已经不是察举而是科举了。因为"投牒自进"即自由报考对科举来说,是"可以"并不是"必须",就是说并不是"科举"的必不可少的"必要条件"。在整个官员选拔制度中只要"主要以考试成绩决定取舍",即表明由察举制度变为科举制度了。制举与武举毫无疑问也应该是科举制度的一部分。

第三个要素是"主要以考试成绩决定取舍"。强调了"主要"二字，而不是"一切以程文为去留"⑨，邓嗣禹和何忠礼说得有点太绝对了，因为在科举制度发展过程当中，在隋唐五代及宋初，决定去留就不仅仅是靠一张试卷，还有"通榜""公荐"等其他推荐的因素。只是到了宋仁宗庆历元年（1041）之后，既废"公荐"，又罢"公卷"，程文才开始成为决定去取的唯一根据，即陆游（1125—1210）所说的"一切以程文为去留"。在庆历元年之前的四百多年间，均非"一切以程文为去留"，但不能因此而说这四百多年间的朝廷开设科目通过考试选拔官员的制度不是科举。科举与察举的区别关键在于考试成绩在决定取舍中是否占主要地位，所以将科举的第三个要素表述为"主要以考试成绩决定取舍"是最为确切的。

还有，科举制度的实质是一种"选拔官员的制度"。科举的任务和目的是选拔官员，不仅仅是笼统的选拔人才。现在研究科举制度的学者来自很多学科，除了历史学科以外，还有研究教育学的，研究文学的，研究社会学的等等。来自历史学科的学者比较注重科举是选拔官员的制度，来自教育学科的学者往往认为科举是选拔人才的制度。实质上，科举应该是一个选拔官员的制度，也就是说科举考试和现代的公务员考试是同一性质的。在唐朝通过科举选拔出来的人员，即使不能马上做官，但也具备了做官的资格，是候补官员。唐代的科举可以说是官员资格考试。唐朝科举及第之后，再通过铨试即可做官。宋代之后，科举及第之后，一般即可脱掉布衣，换上官服，马上做官，即"释褐授官"。可见，科举制度的实质是一种选拔官员的制度。

（二）科举制度的起源

弄清楚了什么是科举，再来讨论科举制度的起源问题，就比较容易理解了。

关于科举制度的起源，主要也有四种说法。第一种是始于汉代说。20世纪30年代，黄炎培就持这种观点，他说："如果真要说科举的起源，该说西汉。当时的考试制度，不早已分科射策么？"⑩到了90年代，徐连达和楼劲也认为"科举始于汉"，"汉代实为科举的初创期，唐代则系其完善期"。⑪

第二种是始于隋代说。邓嗣禹和范文澜持这种观点。邓嗣禹说:"科举之制,肇基于隋,确定于唐。"⑫范文澜认为:"六〇七年(按即大业三年),隋炀帝定十科举人,其中有'文才秀美'一科,当即进士科。……这是科举(主要是进士科)制度的开始。"⑬近年来,黄留珠、吴宗国等人也持这种观点。

第三种是始于唐代说。俞大纲、何忠礼等持这种观点。何忠礼认为:"科举制的起源和进士科的创立时间都在唐代。"⑭阎步克也认为:"进士科始之于隋,而科举制度,则确立于唐代。"⑮

第四种是兼顾汉代和隋代说。这是刘海峰的说法。他认为:"广义的科举指分科举人,起始于西汉;狭义的科举指进士科举,起始于隋代。"⑯这种说法与他给科举所下的定义有关。

那么科举制度究竟起源于什么时候呢?既然我们已经明确了科举制度的定义和主要特点,就可以说,已经找到了解决科举制度起源问题的门径。首先,科举制度始于汉代的说法就难以成立了。汉代察举也分科,有秀才,有孝廉,也有明经,但它并不是以考试成绩作为主要的依据来取舍,而是靠推荐。汉文帝前元二年(前178)的贤良方正等科虽然实行"对策"一类的考试,汉顺帝阳嘉元年(132)的孝廉虽然实行"诸生试家法,文吏课笺奏"⑰,但这种考试都不决定取舍,最多只决定高下。汉代的察举制度,举荐是第一位的,考试是第二位的。所以,不能说科举制度起源于汉代。

其次,根据科举制度的定义和史书记载,在唐代已经实行科举制度是毫无疑义的。但是,科举制度是否就起源于唐代呢?这是需要认真讨论的。有人说,隋炀帝大业二年(606)就有了进士科,有了进士科就算有了科举。这种说法也不能很好地使人信服。原来汉代察举中就有明经、秀才、孝廉等科,隋代多了一个进士科,这个进士科是不是主要以考试成绩来决定取舍的呢?现在没有史料把它说清楚,所以,现在对于科举制度的起源问题仍然争论不休。

我在1993年写过一篇文章,题目是《关于科举制度创立的几个问题》,认为科举制度起源于隋,我用了反证的方法,引证了唐末五代人王定保(870—954)《唐摭言》卷一和卷十五中的两条史料。这两条史料清楚记载了唐高祖武德四年至五年

（621—622）的一次选拔官员的考试过程。这次选拔官员的考试，第一，应举人既有生徒（"学士"），又有乡贡（"白丁"），可以自由报考；第二，既有明经，又有秀才、俊士、进士等科目；第三，州县考试合格方能贡于朝廷，吏部考试合格，才能被录取，获得做官资格；不合格者则被退回州县，还发了路费，让他们回去继续学习。这些记载充分说明，这次考试已经是一种典型的、完整的科举考试过程。[18]

为什么说唐朝初年发生了一次典型的科举事例就证明科举起源于隋代呢？因为武德四年四月一日唐高祖下诏实行科举考试之时，唐朝建立还不到三年，还在打仗，没有统一，仍在忙于平定隋朝的残余势力和窦建德（573—621）等农民起义。这时唐朝政府的首要任务是用战争手段统一全国，巩固政权，还根本来不及创建一套新的文官管理制度。唐代史学家杜佑（735—812）在《通典》中也说："大唐贡士之法，多循隋制。"[19]根据《唐摭言》和唐人的其他记载，可以推断唐高祖武德四年四月一日敕中所反映的科举制度，应该只是沿袭隋制，并非唐朝新创。

至于科举制度在隋代创立的具体时间，又有多种说法。大体说来，又可分为两派。一派认为始于隋文帝时，具体又细分为开皇七年（587）说[20]和开皇十五年（595）或十六年（596）说[21]。另一派认为始于隋炀帝时，具体又细分为大业元年（605）说[22]、大业二年说[23]和大业三年（607）说[24]。但是这些说法都没有直接而具体的隋唐时期的史料能够加以说明。我认为，根据《唐摭言》和唐人的其他史料可以推断，科举制度创立于隋。至于具体创立时间，恐怕说"科举制度创始于隋炀帝大业年间"较为稳妥。

科举制度为什么创始于隋呢？它绝不是偶然的，而是社会经济、官僚政治以及选官制度本身长期发展的必然结果。

第一，科举制度的创立适应了庶族地主兴起、门阀士族衰落的社会大变革。魏晋以来，国家长期处于分裂状态，门阀士族垄断了清要仕途，九品中正制成为门阀士族维护其政治特权的工具。南北朝时，庶族地主勃兴，门阀士族在各种打击下日趋衰落。隋朝建立之后，重新统一了中国，顺应社会发展的需要，进行了一系列政治改革，地主经济得到很大发展，庶族地主的势力更为加强。庶族地主尤其是中小地主为了维护和扩大其经济利益,迫切需要废除九品中正制,打破门阀士族在政治上的垄断,代之以一种新的选官制度,以便通过较为公平的竞争进入仕途,跻身统治者的行列。科举制度就是适应这一社会变动而产生的。

第二,科举制度的创立也是中国帝制王朝维护其统治的需要。在察举制度下,由于历史条件的限制,选拔官员的范围比较小,人数也比较有限,因而王朝的统治基础比较薄弱,也难以选拔出大批的、真正有用的人才。在科举制度下,广大士人都可以怀牒自进,被举送到朝廷的人数也大为增加了,这样就扩大了王朝统治的基础,同时也便于从中选拔治国安民的优秀人才。另外,在察举制度下,州郡长官及朝廷的某些官员握有选官的大权,举主与被举荐者之间往往结成座主与门生、故吏的关系,不利于中央集权统治。九品中正制下,门阀士族握有选官大权,非但不利于中央集权统治,甚至往往与皇权分庭抗礼。而在科举制度下,州郡只是按照朝廷的统一规定,主持州郡考试,选拔合格者解送朝廷而已。这只是贡士,而不是举官,被举送者所获得的只是参加更高一级考试的资格,而不是做官的资格或官职。所贡之士能否及第、授官,其大权完全在于朝廷,尤其是创立殿试制度之后,取士大权最后掌握在皇帝手中。这样,科举出身的官员不再是举主的门生、故吏,而是"天子门生"了;不再是"恩归私室",而是"恩由主上"了[25]。隋统一中国之后,正是为了扩大王朝的统治基础,加强中央集权,在废除九品中正制之后,创立了科举制度。

第三,科举制度的创立又是察举制度长期发展的结果。科举制度与察举制度有许多共通之处:其一,二者都是按科举士,隋朝科举中的某些科目如明经、秀才等,甚至就是直接从察举中转化而来的;其二,科举制度主要是根据考试成绩决定取舍,而察举制度从汉文帝时的贤良对策,到汉顺帝时的"诸生试家法,文吏课笺奏",再到两晋、南北朝时的秀才、孝廉对策等,也都包含有考试的因素。官员选拔制度发展的内在逻辑要求贯彻"公开""平等""择优"的原则,这些原则要求不断扩大报考的自由和提高考试的地位和作用。这些因素发展到一定程度,必然从察举制度的母体中孕育出一种新的选官制度——科举制度。于是，南北朝后期已经出现了科举制度的萌芽。[26]到了隋代，在初步具备了从察举制度转化到科举制度的社会经济条件下，九品中正制被废除，科举制度便应运而生了。

二、科举考试方法

为了选拔真正能够治国安民的官员，科举考试形成了一整套日趋完备的考试方法，直到今天，公务员考试、高考等考试里面都有科举考试的影子。科举制度之所以被人们称为"第五大发明"，就是因为科举制度有一套完备的考试方法。科举考试方法好在什么地方？我认为可以用三个词组、十二个字来概括：第一是"公开考试"；第二是"平等竞争"；第三是"择优录用"。

科举包括贡举、武举、制举、童子举等，其中贡举取士数量最多，延续时间最长，影响也最大、最有代表性，所以我们这里讲的主要是贡举的考试方法。

（一）公开考试

中国古代，每当科举之年，朝廷都要颁布诏书，布告天下，开科取士。如《绍兴十八年同年小录》就载有绍兴十七年（1147）三月二十四日宋高宗所下开科取士的《御笔手诏》，其中写道："朕惟自古圣王之治，莫先得士，而国家科目之设，最为周密。……可令有司搜取茂异，咸于计偕，朕将试之春官，亲策于廷，靡以好爵，几有益于治道。布告天下，体朕意焉。故兹诏示，想宜知悉。""公开考试"就是一般士人都可以应举参加科举考试，也就是说科举考试是开放的，用一句通俗的话说，就是人人都可以中状元。公开考试，大概可以表现为以下三个方面：

第一个方面：取士不问家世

先秦时期，实行世卿世禄制度，主要依据血缘关系选拔官员。汉代实行察举制度，主要依据推荐。魏晋南北朝时期实行九品中正制度，主要依据门第选拔官员，致使"上品无寒门，下品无势族"[27]。科举取士，不问家世，无需推荐，一般士人都可以投牒自进，参加科举考试，人人都有机会中状元。

科举不问你的家庭出身，一般士人都可以参加考试。没有官的士人可以参加科举考试，如果因为门荫或科举做了官，也可以参加科举考试。比如说现在一般大学生可以参加公务员考试，有的已经是公务员了，也可以再次参加公务员考试。有官人参加科举考试，在宋代叫"锁厅试"，意思是把办公厅锁上去参加科举考试。门荫入仕所授官职都比较低，而且升迁较慢。科举及第是分等级的，如果及第等级较低，授官就比较小。这些小官也可以再参加科举考试，考试成绩比较好，授官的级别就可以高一些，不失为一个升迁的捷径。比如南宋宰相虞允文（1110—1174），开始以门荫入仕在县里担任一个小官，多年不得升迁。43岁时参加锁厅试，考中一甲进士，立即升为通判，相当于副知州，后来又升为宰相。如果没有锁厅试，虞允文有可能在幕职州县官等低级官员的宦海中了此一生，无法担任要职而成就"采石之战"的大捷。

宋代平民可以参加科举考试，宗室、皇族也可以参加科举考试。在宋神宗之前宗室不允许参加科举考试，但到宋神宗之后就可以参加了，为什么？一方面他们虽然身为皇室子孙，但也很想通过科举考试担任一官半职，发挥自己的一些才能，不想被无所事事地养着。另一方面，到了宋神宗的时候，赵宋王朝开国已经100余年，皇室子孙繁衍得太多了，老养着也养不起。于是就把他们区别开了，比如比较远房的、五服以外的可以像平民一样参加科举考试；五服以内已经授官的宗室，也可以像有官人一样锁厅应举，只是宗室及第不能做状元。

士农工商"四民"，隋唐时期工商之家不可以科举入仕，到了宋代，工商之家如果有奇才异行也可以参加科举考试。至于工商之子更可以科举入仕，如宋仁宗时连中三元的冯京（1021—1094），据说就是商人之子。甚至僧人和道士之子也可以参加科举考试，真正是取士不问家世。

第二个方面：应举无需推荐

汉代察举需要有关官员的推荐，唐代科举尚有察举制的残余，每年知贡举官将赴贡院，台阁近臣可以推荐有文学才能者，号称"公荐"。如唐文宗开成三年（838），礼部侍郎高锴（生卒年不详）知贡举，大宦官仇士良（781—843）推荐裴思谦（生卒年不详），非常蛮横地要求："裴秀才非状元，请侍郎不放。"当时状元已许别人，但高锴迫于仇士良的权势，不得已而从之。[28]北宋建立不久，宋太祖就多次下诏废除"公荐"，违者重治其罪，鼓励知情人告发，如查证属实，对告发者重加奖励。宋代对常科贡举，根本无需推荐，即可应举，惟有特科制举，有时需要推荐，但涉及的范围甚小。元明清科举考试也不需要推荐。

第三个方面：资格限制甚少

科举作为一种选拔官员的制度，对应举人的资格当然应该有一定的要求。但对应举人的资格限制甚少，而且越来越宽。

对于一般的贡举考试的应举资格，第一，要求品行端正。品行端正怎么来衡量？规定是不要"曾犯刑责"，就是不要有犯罪记录。如宋代开始规定，不要犯"杖"罪以上的刑罚，后来放宽为不要犯"徒"罪以上的刑罚。古代刑罚分"笞、杖、徒、流、死"五种。"笞刑"就是用较小的荆条或竹板拷打犯人臀、腿、脊背的刑罚；"杖刑"是用较大的荆条或竹板拷打犯人臀、腿、脊背的刑罚；"徒刑"是剥夺犯人自由并强制其服劳役的刑罚；"流刑"是将犯人流放到边远地区服劳役的刑罚，如《水浒传》中说把林冲发配到沧州看管草料场。现在沧州是很好的地方，但在宋代沧州是很荒凉的。清朝林则徐（1785—1850）则被流放到新疆。"死刑"是剥夺犯人生命的刑罚。死刑有两种，一种是绞刑，一种是斩刑。犯了笞刑、杖刑等轻刑没关系，只要不犯徒刑以上的重刑就可以应举。

第二，要求没有丧服在身。这个限制开始比较严格，规定有缌麻丧（即为高祖父母、曾伯叔祖父母、族伯叔父母、族兄弟及未嫁族姐妹，以及表兄弟、岳父母等服为期三个月的丧服）者不得应举。后来逐渐放宽，改为除了"期周尊长服"（即为祖父母、伯叔父母、未嫁姑母及兄、姐等服为期一年的丧服）之外，均可应举。为父母服丧，开始要求是三年，后来改为服满三个月就可以应举了。中国古代讲孝，在父母刚刚去世之后不允许搞娱乐活动，不能谈婚论嫁，不能在这期间参加科举考试。但科举的限制仅仅是服满三个月，所以与科举冲突的概率很小。

第三，要求身体健康。现在的公务员考试、高考等考试都有体检，例如考化学专业色盲就不行。科举对身体的要求也相当宽。中国古代对残疾人分为残疾、废疾、笃疾三种。"残疾"指一目盲（一只眼睛失明）、两只耳朵都聋、手缺两个指头、脚缺三个指头、手脚没有大拇指、长秃疮（没有头发）、患有大脖子病等等。有这些"残疾"者仍然可以参加科举考试，比如，南宋末年方梦魁（1221—1291）右脚瘸了，左眼也失明了，但他不仅可以参加考试，还可以当状元，被皇帝赐名为方逢辰。㉙"废疾"指智力障碍者、哑巴、侏儒（身材异常矮小）、腰脊折断、缺少一条腿或者一只胳膊之类。患"废疾"以上者不许参加科举。科举是为了选拔官员，"废疾"以上者不便于做官，所以不许参加科举，这是可以理解的。

第四，要有一定的学历。唐朝对学历没有限制，宋仁宗庆历年间一度有过限制，但都限制得比较少，而且很快就取消了。到明代以后，才规定"科举必由学校"㉚，即先取得入学资格，成为国子监或州县学的生员，然后才能取得应举的资格。

第五，必须是本贯应举，就是说你必须在籍贯所在地参加科举考试。和现在一样，考大学时，籍贯是北京市的参加北京市的考试，籍贯是河南的就要回到河南考试。为什么这样？因为各州府或省解试（乡试）录取有一定的名额，士人如果到别的州府或省应举，就会占用那个州府或省的录取名额，牵涉到一个公平的问题。

科举考试，不问家世，不问出身，也不需要推荐，仅有一些资格的限制，而且越来越宽。这也就是说，一般的士人都可以参加科举考试，所以说是"公开考试"。

（二）平等竞争

科举考试是一种有淘汰的竞争性考试。为了保证平等的竞争，历代采取了一系列的措施。从隋唐到明清，贡举考试逐步建立起了一套比较完备的考试办法，制订了一系列防止作弊的制度。这样做，一是为了能够真正通过科举选拔出来一些优秀人才，二是通过科举考试笼络士人。因为科举考试不公平就会产生很多矛盾和问题，如果制度设计比较公平，考生会认为是自己没有考好，而不会抱怨科举制度不公平。制度包含两方面含义：一方面是追求公平和正义；另一方面是效率。公平并不是指每个人都能够被录取，而是指不被录取的人也要感到服气。这些措施主要有以下三类。

第一类措施：实行"锁院""别头试"，防止请托，回避亲嫌

第一项：实行锁院制度，以防止请托。唐代后期，请托之风盛行，弊端百出。宋太宗淳化三年（992），为了杜绝请托之弊，创立了锁院制度。就是考试官从受命之日起，到放榜之日止，一直锁宿于贡院。这样，就隔断了考试官与其他臣僚的联系，使权臣近侍等人的请托难以得逞。这个大家比较好理解，就像现在的高考。高考之前，把负责出题的老师关到一个风景优美、偏僻幽静的地方，与外界隔绝。不但不准出入，还不准打手机。手机要被收掉，要是有事儿的话，可以用专人值守的座机，不能一个人打电话，得有值守人员在旁边看着，目的在于防止漏题。等到高考结束之后，这些老师才能重获自由。这也和科举时代的锁院差不多。正因为锁院是一项有效地防止考官作弊的制度，所以为元明清所沿用。

第二项：实行别头试制度，以避亲嫌。所谓"别头试"，就是对参加科举的考试官亲戚另派考官、单独设立考场进行考试的制度，以避免考试官与应举人因为是亲戚而作弊。别头试制度始于唐玄宗开元二十四年（736），但时行时废，尚未形成定制。到宋代，逐渐形成一种制度，普遍实行于解试和省试，规定缌麻以上亲属和大功以上婚姻之家，皆牒送别头试。惟有殿试没有别头试，大概因为殿试的主考官是皇帝，不用回避亲嫌。不过，南宋后期规定，在朝官有亲属参加殿试者，不得任命为殿试官，其用意也在于避亲。

第二类措施：严格考场规则

科举考试在时间、地点上也有一套制度，大家可以看我和毛佩琦、李世愉主编的《中国科举制度通史》，我这里主要给大家介绍一下考场的规则。为了防止徇私作弊，以便应举人公平竞争，历代都规定了各种考场规则，归纳起来，大致有以下三项。

第一项：按榜就坐，不得擅自移动。唐代省试，应举人分甲引试，坐在尚书都省的廊庑之下。宋代解试、省试、殿试，均在考试前一天排定坐次，制成座位图，张榜公布。考试时，由监门官按姓名引入，按榜就坐，不得擅自移动。这样，一方面可以防止互相熟悉的应举人坐到一块儿，交头接耳，私相传授作弊，另一方面也便于维持考场秩序。因此，此制也为元明清所沿用。

第二项：继烛制度。所谓"继烛"，是指贡举考试时，举人白天答卷未完，夜晚点燃蜡烛继续考试。唐代省试，卯时（晨五至七时）开考，酉时（晚五至七时）结束。如果答卷未完，一般可以给蜡烛三条，挑灯夜试，烛尽必须交卷。宋朝贡举考试不许继烛。宋真宗景德二年（1005）规定："除书案外，不将茶厨、蜡烛等入，如酉后未就者，驳放之。"[31]不许将蜡烛带进考场，傍晚还没有答完试卷的，不予录取。南宋时，殿试偶尔也有出于特恩例外赐烛者，然而唱名时须降甲、降等。禁止继烛，尽用昼试，这样在光天化日之下，应举人作弊就比较困难了。

明清时期，殿试仍然不许继烛，而乡试、会试则没有继烛之禁。因为明清乡试、会试的考场与唐宋解试、省试的考场不同。唐宋的考场（贡院）与现在的高考考场类似，都在一个一个的大教室中，每个考场中应举人有数十以至上百人。（图1）明清的考场（贡院）则是一排排的小房子，每间小房子进深4尺，宽3尺，面积总共一平方米多一点，像鸽子笼一样，每间小房子按《千字文》编号，叫作"号舍"。（图2）每间号舍供一名应举人使用。头天寅时（凌晨3—5时），开始点名按座位号进入号舍；考试当天子时（深夜11时—次日凌晨1时），开始发放试题；考试第二天午时（上午11时—下午1时）开始交卷，分三批放牌出院，至戌时（晚上7—9时）清场，打扫号舍，以供下一场考试。应举人要在号舍中吃住两夜三天，所以

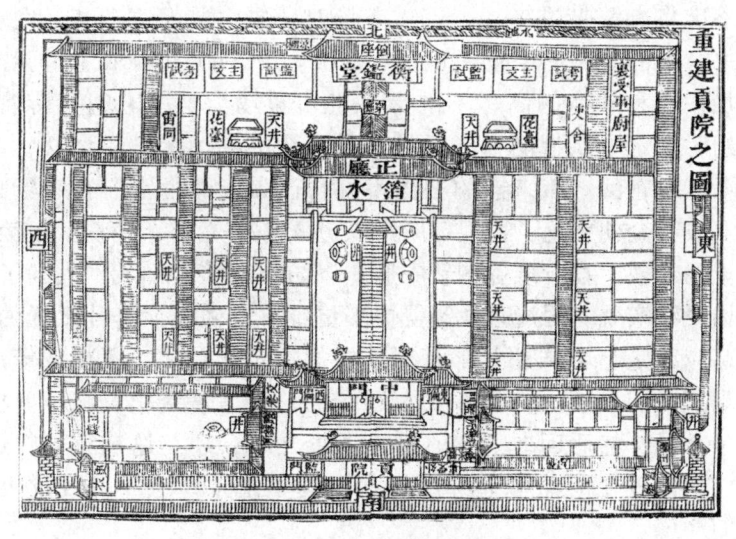

图1　南宋建康府贡院图

没有继烛之禁，这就为挟书、传义、代笔增加了机会。如有的士人将四书五经写在内衣上，以便可以脱衣检阅。大家在科举博物馆里常常看到一件衣服上面密密麻麻地写满了字，那一定是明清时期的，因为唐宋时期实行昼试，不可能当场脱了衣服看上面写的文字。明清时期的这种昼夜考试，看来不是一种好的办法。

图2　千字文号舍

第三项：禁止挟书、传义、代笔。从唐朝开始，科举考试就不准将书籍带进考场。进入考场时，要由监门官搜查，发现挟书，不但要取消当场考试资格，并且下两次开科取士也不准参加，这和现在的高考不准带书进入考场类似。宋朝考诗赋，开始时规定可以带韵书，于是有人在韵书的边上抄写经文，以备考试时查阅。后来连韵书也不许自己带，而由官府在考场临时发放。金朝更绝了，规定应举人进入考场之前，先洗一个澡，从里到外换上官府准备的新衣服，以防挟书。这样成本太高了，恐怕没法实现。明清时规定得更多更细，笔砚应该是什么样的，考篮应该是什么样的，都有很严格的规定。总之，不准携带片纸只字，如果查出，应举人永远取消科举考试资格，甚至要枷号一个月，然后问罪发落。进入考场之后，还有巡铺官进行巡视，就像现在的监考老师那样在考场里走来走去，发现挟书，立即严惩。

传义指交头接耳、遥口相传，或传递文字。传义之禁始见于宋初,设巡铺官专门防止传义。一旦发现应举人传义,立即赶出考场,取消考试资格。元明清也有禁止传义的规定。

科场纪律中还有一项重要规定,就是禁止代笔,即禁止由枪手冒名顶替。代笔之禁始见于五代后周世宗显德二年(955),宋代多次重申。宋代之后,历代一直都把禁止代笔作为科场的一项重要规则。虽然有此严禁,但代笔之事时有发生,为此,历代又采取了许多措施。一是许人告发,告获者给以奖赏。如宋孝宗乾道元年(1165)曾规定:"如士人告获,与免一次文解;诸色人赏钱三百千。"㉜二是对比字画。让应举人亲自书写卷首家状,解试、省试合格之后,对照家状与试卷的笔迹,以防假冒。三是实行覆试之法。如清代乡试、会试放榜之后,在参加会试、殿试之前,均进行覆试,以检查是否代笔。

总之,以上种种措施,都是为了保证科举考试公正平等、有条不紊地顺利进行。

第三类措施:公正评定试卷

在科举考试方法中,试卷评定是十分重要的一环。历代为了择优录用以及示人至公,也采取了一系列措施,使试卷评定制度更加趋于严密,趋于公正。

第一项:废"公荐",罢"公卷",一切以程文为去留。在唐代后期和宋初,台阁近臣可以向知贡举官保荐有才能的士人,叫作"公荐"。知贡举官根据应举人的考试成绩和大臣的推荐决定去取。这样有很多弊病。比如前面所说,唐文宗开成三年,礼部侍郎高锴知贡举,大宦官仇士良推荐裴思谦做状元。考试之前,裴思谦去找高锴,传达仇士良的推荐。高锴很为难,但仇士良是非常有权势的大宦官,他没有办法拒绝,就借口要见见裴思谦本人。裴思谦说在下就是裴思谦本人,高锴无奈,就让裴思谦做了状元。㉝北宋建立不久,宋太祖多次下诏废除公荐,违犯者要重置其罪,公荐遂被废除。

另外,在唐及五代,应举人除向达官贵人投献诗赋论等作品,即"行卷"以求公荐之外,还要向知贡举官投纳"省卷",亦称"公卷",以供观其平素的成绩。唐代后期,知贡举官往往主要根据公荐、公卷决定弃取高下,而应举人的程文即试卷所起的作用反而甚小。宋初承唐及五代之制,解试、省试犹用公卷。进士所纳公卷,多假借他人文字,或用旧卷装饰重行书写,或被佣人易换文本，以至于无凭考校。于是，宋仁宗庆历元年八月，应权知开封府贾昌朝（998—1065）之请而罢公卷。

宋仁宗庆历元年之后，既废公荐，又罢公卷，因而程文遂成为评定艺业、决定去取的唯一根据，即陆游所说的"一切以程文为去留"。这样，以一纸试卷定命运，难免有相当大的偶然性，但它避免了实行"公荐""公卷"所必然带来的弊病，对于平等竞争、择优录用是有一定积极作用的。因而，也就成为元明清各代的不易之制。

第二项：实行封弥、誊录制度。封弥，又作弥封，亦称糊名，就是将试卷上应举人的姓名、年甲、三代、乡贯等密封，代之以字号，以防考试官在评定试卷时徇私作弊的一种制度。糊名之制最早实行于唐代选人的铨试和制举考试，但只是在武则天及唐玄宗时一度施行。五代后周广顺初年，亦曾在贡举中实行糊名考校，但旋即废罢。到了北宋，封弥才成为贡举考试中的一项重要制度。考试官在评定试卷时看不到举人的姓名、乡贯等，也就很难作弊了。

但是，封弥之后，尚未能完全杜绝试卷考校中的作弊，因为考试官还可以通过辨认笔迹得知试卷出自何人之手。为了堵塞这一漏洞，宋真宗时又创立了誊录制度，就是将应举人的试卷封弥编号之后，再让书吏誊写一遍。应举人的试卷是用墨笔写的，称为"墨卷"；誊录的试卷是用红笔（朱笔）写的，称为"朱卷"。誊录之后还要对读，即校对，因为抄错了会影响应举人的成绩。对读无误之后，再交由考试官评定成绩。这样考试官更不知道试卷是谁写的，所以无法作弊。录取完毕之后，再根据编号调取墨卷，拆号放榜。

封弥、誊录制度在防止评定试卷作弊中起了关键作用。欧阳修（1007—1072）曾在《论逐路取人札子》中写道："窃以国家取士之制，比于前世，最号至公。……糊名、誊录而考之，使主司莫知为何方之人、谁氏之子，不得有所憎爱薄厚于其间。故议者谓国家科场之制，虽未复古法，而便于今世。其无情如造化，至公如权衡，祖宗以来不可易之制也。"[34]这一评价虽然未免有点太绝对了些，但不能不说是很有道理的。

封弥、誊录制度自创立之后，一直被元明清所沿用，现在高考也还在实行封弥制度，只是不誊录了。考生只能在高考试卷密封线内填写自己的姓名、准考证号等。交卷之后，考务部门会将每一个考场的试卷各装订为一册。考生姓名、准考证号等被装订在密封线内，阅卷老师根本看不到考生的姓名、准考证号等信息。只有评定完成绩之后，考务人员拆掉装订线，才能知道考生的姓名、准考证号等信息。这也是继承了科举考试的封弥之法。

第三项：分等考第，多级评定。考试官对应举人的试卷，一般定为数等，并经多级评阅，最后决定去取高下。如宋朝的省试，"士人卷子先经点检官（点检试卷官）批定分数，然后参详官审订其当否，而上之知举（知贡举、同知贡举），从而决其去取高下"⑤。所考等第虽不甚详，但点检试卷官、参详官、知贡举三级评定制度是很清楚的。殿试则实行初考、覆考、详定三级评定制度。试卷封弥、誊录之后，先送初考官评定等第。然后将初考官所定等第封弥起来，再送覆考官重定等第。最后送详定官，详定官可以看到初考官和覆考官评定的等第，但他的权限只是或者同意初考官所定等第，或者同意覆考官所定等第，自己不能另定等第。如果他认为初考官和覆考官所定等第都不合适，可以再上报给皇帝重新评定。

这种分等考第、多级评定的制度，一方面可以防止走后门，另一方面使试卷评定比较准确，不至于有太大的误差，以便选拔出真正有才能的官员。这有点类似于现在评定高考作文成绩。高考作文首先是两位阅卷老师分别打一个分数，如果两个分数差别不大，就取其平均数作为考生的成绩；如果差别太大，则请第三位阅卷老师（阅卷组的组长或副组长）再打一个分数，作为考生的成绩。目的也在于公平、准确，减少误差。

总之，上述种种考试方法，在相当大的程度上体现了平等竞争、择优录用的原则，对于选拔官员及笼络士人都有一定的积极作用。当然，这些方法并不像某些人所说的那样"至公无私"，而且其防弊措施虽多，但也防不胜防，明清时期科场案迭出，就是一个证明。另外，在政治清明时期，这些考试制度还可以得到比较认真的执行，在政治昏暗之时，则会名存实亡，如同虚设，南宋权相秦桧（1090—1155）擅权之时就是这样。秦桧肆意破坏科举考试制度，使之成为其擅政专权、为其子孙窃取巍科、拉拢私党充塞仕途的工具。如宋高宗绍兴二十四年

(1154)，省试的考官全由秦桧提名。参详官董德元（1096—1163）在誊录所找到秦桧孙子秦埙（1137—?）的试卷，就兴高采烈地说："吾曹可以富贵矣！"[36]知贡举魏师逊（1107—1180）等于是奏名秦埙为省试第一。殿试时，秦桧仍然安排他的亲信为考官，如又以知贡举魏师逊为殿试的详定官。魏师逊等又奏秦埙为殿试第一，宋高宗阅读秦埙的殿试对策，感觉所用都是秦桧和秦熺（1117—1161）的语言，就将张孝祥（1132—1170）升为第一，秦埙降为第三名。但秦埙仍按第一名授官，即仍然享受状元的授官待遇，此时秦埙才十八岁。这一榜，秦桧又使他的族裔、亲戚、门客（曹冠、周夤、郑时中、杨倓、秦焞、郑缜、秦焴、沈兴杰等人）均进士高第。绍兴二十五年（1155）十月，秦桧病死。绍兴二十六年（1156），殿中侍御史汤鹏举（1088—1165）上奏说："今科举之法，名存实亡，或先期以出题目，或临时以取封号，或假名以入试场，或多金以结代笔，故孤寒远方士子不得预高甲，而富贵之家子弟常窃巍科。又况时相（按指秦桧）预差试官，以通私计。前榜省闱、殿试，秦桧门客、孙儿、亲旧得占甲科，而知举、考试官皆登贵显，天下士子归怨国家。"[37]于是，秦埙、郑时中等有官人赴试者均改为武官，曹冠、周夤等无官人赴试者均被取消进士及第的功名。

（三）择优录用

科举考试是选拔性考试，通过分级考试，逐层淘汰，体现了择优录用的原则。

1. 分级考试

科举在隋唐时期分两级考试，第一级考试是解试，其中一种是国子监解试，就是学校考试，在唐朝应举者是太学、国子、四门等学校的学生，叫"生徒"；另外一种是诸州府主持的解试，在唐朝应举者大都是乡村的士人叫"乡贡"。就是说不论是在校的学生，还是通过私塾、自学等其他方式具备相关知识的士人，都可以参加科举考试。解试一般在秋天举行，所以也叫"秋闱"。解试合格称为"得解举人"，第一名称为"解元"。宋朝略同。元朝第一级考试称为"乡试"，在各行省和"腹里"等17处举行。明清时期的第一级考试亦称为"乡试"，改为在顺天府和各省省城举行。（图3）

图3　明清时期顺天府贡院图

　　解试合格之后再由州府长官解送到中央政府,参加尚书省礼部主持的考试,唐宋时期称为"省试",元明清时期称为"会试"。唐宋省试的"省"不是河南省、河北省的"省",而是当时中央政府机构三省六部的"省"。三省是尚书省、中书省、门下省。中书省负责制定政令,门下省进行审核,门下省通过之后到尚书省执行。尚书省下属六部,有吏部(掌管官员的任命、考核、升迁等,像现在的中组部、人事部)、户部(掌管赋税、财政)、礼部(掌管礼仪,包括科举)、兵部(掌管军队的行政管理,像现在的国防部)、刑部(掌管司法、刑罚等,像现在的司法部、检察院、法院)、工部(掌管宫室、桥梁等基建,像现在的建设部)。科举考试在唐玄宗开元二十四年之前,归吏部考功员外郎掌管。吏部的级别相当于现在的部级,考功司则相当于司局级。考功司的正副长官是考功郎中、员外郎,郎中相当于司长,员外郎则相当于副司长。也就是说,当时由副司局级的官员来掌管省试。开元二十四年发生了一场科场案,知贡举官和应举人之间发生了矛盾和争执。知贡举官只是副司局级官员,级别太低,对应举人不好管理,所以开元二十四年之后,改为由礼部侍郎知贡举。礼部的正副长官是礼部尚书、侍郎,尚书相当于部长，侍郎则相当于副部长，就是掌管省试的官员从副司局级提高到副部级。省试一般在春天的正月或二月举行，所以又称"春闱"。在唐朝，省试是科举最高一级的考试，省试合格之后，就是科举及第、具有授官资格了。

宋初科举，仍然分为解试、省试两级。开宝六年（974），因为知贡举官取士不公，宋太祖遂在省试之后御讲武殿对省试奏名者和终场下第者别加考试，考试合格再赐及第，自此在省试之上又创立了殿试制度。殿试是由皇帝亲自主持的对省试合格奏名举人的覆试，又称御试、亲试、廷试等，是三级考试中最高、最后的一级考试。殿试第一名称为"状元"。（图4）

图4　清代举行殿试的保和殿

宋太祖为什么创立殿试制度？当时是说为了公平，为了防止官僚世家垄断科举，堵塞孤寒之路。这只是原因之一，实际上，更主要的原因则是在收兵权之后，把取士的大权收归皇帝亲自掌握。创立殿试制度之前，取士大权不在皇帝手里，而是在知贡举手里，这样科举及第者只是对知贡举官感恩戴德，而不是对皇帝感恩戴德，知贡举与科举及第者往往结成"座主、门生"关系。创立殿试制度之后，科举及第者都成了"天子门生"，这样就防止了知贡举官与及第举人结党营私，进一步巩固和加强了赵宋王朝的专制主义中央集权统治。

金朝初年设乡试、府试、会试、殿试四级。金章宗明昌元年（1190），"言事者谓举人四试，而乡试似为虚设，固当罢去"，于是"诏免乡试"，成为府试、会试、殿试三级考试。③元仁宗皇庆二年（1313）恢复科举，仿宋金之制，分乡试、会试、殿试三级，明清因之。清代乡试、会试之后虽有覆试，但只是防止作弊的一种措施，而不是一级考试。因此，可以说三级考试制度，从宋初创设至清末科举废罢，九百多年间一直沿用不改，成为不易之制。

2. 逐层选拔

唐宋时期，一般士人都可参加解试。明清时期，一般士人也都可以参加乡试。但是诸州府的解试和诸行省的乡试合格者都是有一定名额的，称为"解额"。如宋代每举约7000人，元代约为300人，明代约为1200人，清代大概为1500人。而参加解试（乡试）的应举人则远远多于解额，宋代一般是一二百人得解一人，明清乡试则是数百以至上千应举人中才有一人中举。解试（乡试）合格，才有资格由州府（省）长官贡送朝廷，参加礼部的省试（会试）。可见其淘汰率是非常之高的，真是百里挑一、千里挑一。

省试（会试）录取人数，唐宋时一般有一定的名额。唐代规定，省试进士一般录取20至40人，明经不超过100人。宋朝初年无定额，自北宋中期起规定，礼部奏名进士400人，诸科也大约为400人。当时四年一开科场，则平均每年100人。宋仁宗嘉祐二年（1057）改为间岁一开科场，礼部奏名进士改为200人，诸科大概亦为200余人。宋英宗治平三年（1066）改为三年一开科场，则礼部奏名进士以300人为额，诸科不得过进士之数，遂成为定制。宋神宗废明经、诸科之后，礼部奏名进士为600人左右，大约不到参加省试人数的十分之一。南宋初年规定省试的省额改为省试终场者每十四人取一名，余分不及十四人亦取一人。宋孝宗隆兴元年（1163），改为每十七人取一名，自后遂为定制，其录取人数较北宋大为减少了。明清会试录取人数无定额。明初少则不足100人，多则如永乐二年（1404）达472人。成化十一年（1475）之后，一般每科录取则大约300人。清代亦多少不一，少则亦不足100人，如乾隆五十四年（1789）为98人，五十五年（1790）为97人，五十八年（1793）为81人；多则近400人，如顺治十二年（1655）为399人，雍正八年（1730）亦为399人，一般为200人左右或300人左右，是参加会试人数的七分之一至五分之一左右。省试

（会试）的淘汰比例虽然没有解试（乡试）那么高，但却是优中选优，淘汰起来也是很残酷的。

宋太祖开宝六年，创立科举的第三级考试——殿试。殿试起初仍然实行黜落制，省试合格奏名举人，经过殿试，被黜落者仍然不少。如宋太宗端拱二年（989），礼部奏名合格进士368人，殿试仅录取186人，就是说刷掉了一半。但自嘉祐二年起，殿试非杂犯（指犯皇帝名讳等）不复黜落。宋神宗元丰年间之后，杂犯也不黜落了。为什么殿试不黜落呢？主要是因为本来创立殿试制度就是为了变"恩归有司"为"恩由主上"㊴，如果省试通过了，殿试却通不过，那些被黜落的应举人对皇帝就不是感恩戴德，而是满怀怨恨了。而且，殿试黜落往往比省试黜落更令应举人懊丧和怨恨，所以宋仁宗嘉祐二年之后，殿试不再决定去取，而只是决定高下，就是重新排一个名次罢了。这样，应举人对皇帝就只会感恩而不会抱怨了。解试（乡试）、省试（会试）层层选拔，而殿试只定高下而不黜落之制，遂被辽、金、元、明、清所沿袭，成为不易之制。

殿试虽然不再黜落，但是其按照成绩重新排列名次，也是一种择优录用。因为殿试的名次不同所授官职也大不相同，高者可以为通判、翰林院编修，低者仅为县的主簿或县尉。

三级考试，层层选拔，既可以筛选出一批优秀的人才，使之进入仕途，又使科举步步有序，便于平等竞争。

通过上述的一系列程序，最终把最优秀的人才选拔出来充实到官僚队伍当中，所以总的来说，科举制度体现了公开考试、平等竞争、择优录用的精神和原则。现在有个新词叫"普世价值"，我想科举制度这一精神和原则，也具有普世价值。

三、科举考试内容

科举考试的内容直接关系到选拔什么样的官员，同时对于士人平时的学习也起着导向作用，因而考试内容问题为隋唐以来历代统治者所重视。随着时代的不同，科举考试内容也发生了许多变化，对当时的政治及文化产生了重要影响，也为后人提供了许多宝贵的经验和教训。在三级考试中，科举考试科目不同，如唐宋时期有进士科与明经、诸科之分，其考试内容也就不同；同一科目，解试（乡试）、省试（会试）的考试内容大致相同，而与殿试相比则不大相同。王安石变法时期，改革科举，废除了明经、诸科，专以进士一科取士。总的来说，进士科实行的时间最长，影响也最大，下面就主要以进士科为例，谈一下科举考试的内容问题。

（一）进士科解试（乡试）、省试（会试）考试内容

唐初，进士科解试、省试仅试时务策，唐高宗时加试杂文、帖经。到唐中宗神龙元年（705），形成"凡进士，先帖经，然后试杂文及策"⑩的三场考试制度。所谓"杂文"，在唐中宗以前为箴、铭、论、表之类，到唐玄宗天宝年间，才开始专用诗、赋。

宋初，解试承唐及五代之制，试诗、赋、论各一首，策五道，帖《论语》十帖，对《春秋》或《礼记》墨义十条，主要以诗、赋取士。宋仁宗庆历四年（1044），改为先试策、论而后试诗、赋，主要以策、论取士。次年，庆历新政失败，新法未及施行而又恢复旧制。宋神宗熙宁四年（1071），王安石（1021—1086）改革贡举，进士科罢诗、赋、帖经、墨义，改为考试四场：第一场，试本经大义十道；第二场，试兼经即《论语》《孟子》大义十道；第三场，试论一首；第四场，试时务策三道。省试前三场与解试同，唯第四场试时务策五道。熙宁五年（1072），第一场改为试本经大义五道，第二场改为试兼经即《论语》《孟子》大义各二道。元丰四年（1081），解试加试律义一道，省试二道。

南宋解试、省试时，又分经义进士与诗赋进士。诗赋进士，第一场诗、赋各一首，第二场论一首，第三场策三道；经义进士，第一场本经大义三道，《论语》《孟子》大义各一道，第二、第三场，与诗赋进士同。即经义、诗赋两科分立，恢复了以诗、赋取士。

元代乡试、会试分两榜，蒙古、色目人榜只试两场：第一场，经问五条，于"四书"（《论语》《孟子》《大学》《中庸》）中设问，用朱熹（1130—1200）的《四书章句集注》；第二场，试经史、时务策一道。汉人、南人榜试三场：第一场，明经、经疑二问，于"四书"中出题，经义一道；第二场，古赋、诏诰、章表内科一道；第三场，试经史、时务策一道。

明代乡试、会试分三场：第一场，试"四书"义三道，经义四道；第二场，试论一首；第三场，试经史策五道。主要以"四书"义取士。这种"四书"文到明宪宗成化年间演变成为"八股文"。

清承明制，又屡有变更，至乾隆五十二年（1787）成为定制：第一场，试"四书"文三篇，五言八韵诗一首；第二场，试"五经"文五篇；第三场，试经史、时务策五道。清代名为三场，也实以首场为重，即只重"四书"文，而且"四书"只考八股文。清代废除了试赋，但仍然试诗。至光绪二十七年（1901），又改为：第一场，试中国政治、史事论五篇；第二场，试各国政治、艺学策五道；第三场，试"四书"义二篇，"五经"义一篇。但是，仅仅实行了三年，科举制度就被废除了。

总之，解试（乡试）、省试（会试）的内容主要为诗、赋、经义、论、策等五种文体，其中诗、赋为格诗、律赋，在对偶、声韵等格式方面都有严格的要求。经义考试，在隋唐至宋朝中期为帖经、墨义，王安石变法之后改为大义，至明朝成化年间之后，则演变为八股文。策则分为经史策和时务策，也有一定的要求。

（二）进士科殿试考试内容

殿试制度创立于宋。北宋初期，进士科殿试内容仅为赋、诗二题。如宋太祖开宝六年第一次殿试，出《未明求衣赋》《悬爵待士诗》题。宋太宗太平兴国三年（978），进士殿试加试论一首，自是常以赋、诗、论三题为准。当年试题即为《不阵而成功赋》《二仪合德诗》《登讲武台观习战论》。宋神宗熙宁三年（1070），吕公著（1018—1089）任同知贡举，上奏说："天子临轩策士而用诗赋，非举贤求治之意，且近世有司考较，已专用策论。今来廷试，欲乞出自宸衷，唯以诏策咨访治道。"[41]于是，殿试进士罢赋、诗、论三题而改试时务策一道。尽管试策也有这样那样的弊病，但殿试内容由赋、诗、论三题改为时务策一道，无疑是一个进步。正如熙宁三年殿试初用对策时，宋神宗所说："对策亦何足以实尽人材，然愈于以诗赋取人尔。"[42]大概也正因为如此，殿试内容为时务策一道遂为元明清所沿用，成为不易之制。

元朝规定："御试。……汉人、南人试策一道，限一千字以上成。蒙古、色目人时务策一道，限五百字以上成。"㊸

明朝亦规定："殿试时务策一道，惟务直述，限一千字以上。"㊹

清承明制，殿试内容仍为时务策一道，限一千字以上成。其不及一千字者，以不入式论，即不合乎格式论处。清代殿试不誊录，读卷诸公往往偏重于书法，而忽视策文。极而言之，殿试内容不是时务策而是书法比赛了。

（三）科举考试内容沿革平议

科举考试内容沿革中，有两次大的变化。第一次大的变化是王安石的贡举改革，主要内容是：第一，罢诗、赋、帖经、墨义，专以经义、论、策取进士；第二，加试律令大义，成为进士科考试的内容之一。这是一次意义重大、影响深远的改革。因为：第一，变诗赋取士为经术取士，有利于古代国家造就和选拔通经致用的人才进入仕途。以诗赋取士，对于造就文学家、推动文学的发展，或许有一定作用；对于选拔和造就通经致用的人才进入仕途，不但无益，反而有害。正如王安石所说："今以少壮时正当讲求天下正理，乃闭门学作诗赋，及其入官，世事皆所不习，此乃科法败坏人才，致不如古。"㊺自唐朝后期以来，有识之士虽然对诗赋取士屡有批评，但是没有什么重大改进，惟独王安石断然罢诗、赋，专以经义、论、策取士，连司马光（1019—1086）也认为："此乃革历代之积弊，复先王之令典，百世不易之法也。"㊻

第二，罢帖经、墨义，以大义试经术，是科举考试方法的一个进步。何谓"帖经"？《通典》卷十五《选举》三载："凡举司课试之法，帖经者以所习经掩其两端，中间开唯一行，裁纸为帖。凡帖三字，随时增损，可否不一，或得四、得五、得六者为通。"这大概是唐高宗调露二年（680）帖经之法。到唐玄宗天宝十一载（752），又稍有变化："每帖前后各出一行，相类之处，并不须帖。"㊼宋代帖经，又称"帖书"，考试内容和方法也大体如此。这和现代的填空白十分相似，故唐宋人亦称之为"填帖"㊽。

什么叫"墨义"？南宋人王栐（生卒年不详）说："试场所

问本经义疏，不过记出处而已。如吕申公试卷问：'子谓子产有君子之道四焉，所谓四者何也？'答曰：'对：其行己也恭，其事上也敬，其养民也惠，其使人也义。谨对'。试卷不誊录，而考官批于界行之上，能记则曰'通'，不记则曰'不'。十问之中四通，则合格矣。其误记者，亦只书曰'不'。而全不能记，答曰：'对：未审。谨对。'"[49]可见，所谓墨义，也不过是背诵经文及其注疏而已，相当于现代的默写，内容和方法也都极为简单，其弊病甚多。正如司马光所说："有司以帖经、墨义试明经，专取记诵，不询义理。其弊至于离经析注，务隐争难，多方以误之，是致举人自幼至老，以夜继昼，腐唇烂舌，虚费勤劳，以求应格。诘之以圣人之道，懵若面墙。或不知句读，或音字乖讹"。[50]

什么叫"大义"？宋仁宗庆历四年贡举新制规定："试大义十道，直取圣贤意义解释对答，或以诸书引证，不须具注疏。"[51]宋仁宗皇祐初年，刘恕（1032—1078）曾对《春秋》《礼记》大义，其方法为："先列注疏，次引先儒异说，末乃断以己意。"[52]《文献通考》卷三十一《选举考》四说："试义者，须通经、有文采，乃为中格，不但如明经墨义粗解章句而已。"简单来说，经义就是以经书中的一句或几句话为题目，按照程式阐发经文的义理，敷衍成篇的论说文。

通过以上简单对比，不难看出试大义显然优于帖经、墨义。正如蔡襄（1012—1067）所说："明经（按指帖书、墨义）只问所习经书异同，大义所对之义只合注疏大意，不须文字尽同，或有意见，即依注疏解释外，任自陈述，可以明其识虑。"[53]可见，以大义试经术，对于古代国家造就和选拔通经致用的人才进入仕途，无疑是有好处的。对于学者，也不为无补。正因为如此，从熙宁四年罢帖经、墨义之后，虽然经历了元祐更化、宋室南迁，以及元、明、清诸代政治风云的变幻，一直没有人提出要恢复帖经、墨义，而以大义试经术成为定制。当然，在后来的经义考试中，也发生过一些流弊。如南宋中期以后，甚至命题者"强裂句读，专务断章"[54]，答义者不顾经旨，或争为新奇。到明代中叶之后，更演变为八股文。明清的八股文与宋代的大义是有明显区别的，下面再详细说明这个问题。

第三，罢诗赋，以策论取士，对于造就和选拔经世致用之才进入仕途也是有益的。如前所述，在中国古代社会，"诗赋浮靡，不根道德，施于有政，无所用之"[55]，而论策则是封建官僚向皇帝讲治道、议时政的工具。对于古代国家来说，论策要比诗赋有用得多，连竭力维护诗赋取士的苏轼（1037—1101）也不得不承认："自文章而言之，则策论为有用，诗赋为无益。"[56] 马端临（1254—1340）按语认为：就贡举考试来说，"诗赋不过工浮词，论策可以验实学"[57]。苏轼说："试之论，以观其所以是非于古之人；试之策，以观其所以措置于今之世。"[58] 刘挚（1030—1097）说："论以观其识，策以观其才。"[59] 以论策取士，不但可以使举人留心于治乱，学其所用，用其所学，而且还可以考察举人关于历代治乱兴衰的知识，了解他们对当代国家大事的对策，从中选拔出真才实学之士。但是，废诗赋却遭到苏轼等人的反对。其理由大概有三：一是唐代以来，一直以诗赋取士，但由诗赋登科为名臣者不可胜数；二是诗赋有声律偶对，其是非工拙，一披卷而尽得之，便于考校；三是诗赋命题不易重复，可以促使应举人涉猎多种知识，而论策命题容易重复，可以拟题抄袭，知识面反而狭窄。后来，这两种意见经过折中调和，遂出现了哲宗元祐时期的经义、诗赋、论、策四科兼试和南宋时期的经义进士、诗赋进士分科考试的局面。

第四，加试律令大义可以促使士人粗通法律，有利于实行法治。在中国古代，礼乐刑政是国家的大事。但是，唐宋科举考试对律令却并不重视。此前进士科不考律令，而在诸科中，"明法最为下科"[60]，"习刑名者，世皆指以为俗吏"[61]。因此，绝大多数应举人只是闭门学作诗赋，根本不过问律令、断案之事。这些人一旦及第入仕，遇到有关律令、断案之事，便束手无策，只好取办于胥吏。而这些胥吏，又往往贪赃枉法，造成许多冤假错案。王安石规定进士科在考试经义、论、策之外，加试律令大义，这就必然会促使应举人平时注意学习律令、断案等法律知识，在登科做官之后，也就能够按照有关律令处理政务。苏轼讽刺加试律义是"读书万卷不读律，致君尧舜知无术"[62]。司马光虽然承认"律令敕式，皆当官者所须"[63]，但是却反对以律令大义取士，认为不必要"使为士者豫习之"[64]。其理由是："夫礼之所去，刑之所取。为士者果能知道义，自与法律冥合；若其不知，但日诵徒流绞斩之书，习锻炼文致之事，为士已成刻薄，从政岂有循良？非所以长育人材、敦厚风俗也。"⑯不懂法律，何以治国？平时不读律令，从政焉能执法？司马光、苏轼这种只试经术、不考律令的主张，绝非"长育人材""致君尧舜"之道，同样是迂腐之论。不过，宋哲宗元祐之后，进士科却不再加试律义，南宋高宗时一度恢复兼新科明法，也旋即废罢。

科举考试内容第二次大的变化是以八股文取士。明清时期，科举考试主要内容仍然是经义、论、策，但考官特别重视第一场四书义的考试，可以说主要以四书义取士，这是一个局限。在明宪宗成化年间之后，这种"四书"经义考试的文体演变成了"八股文"，这又是一个局限。有人说八股文始于王安石，实际上这是一桩冤案，因为王安石的经义与八股文有很大的不同，八股文是在明朝中期以后才形成的。正如《日知录》卷十六《试文格式》所说："经义之文，流俗谓之八股，盖始于成化以后。"

那么什么是八股文？现在存世的八股文还不少。乾隆年间，有一个著名的学者方苞（1668—1749），他按照乾隆皇帝的旨意，编选了一部《钦定四书文》，收录了783篇八股文，颁布天下，作为应举人学习的范本。清代还有一位著名的学者俞樾（1821—1907），他写了一本书叫《曲园课孙草》，意思是他教孙子怎么来作八股文的一本书。我从中选了题为《不以规矩》的一篇，加了一些说明和译文，现抄录如下：

不以规矩　　[清] 俞樾

规矩而不以也，惟恃此明与巧矣。【破题】

（译文：有圆规曲尺而不用，就仅仅依仗像离娄的明察秋毫和公输般的技艺巧妙了。）

夫规也、矩也，不可不以者也；不可不以而不以焉，殆深恃此明与巧乎？【承题】

（译文：圆规曲尺是不可不用的；不可不用而不去用，大概是非常依仗这种明察秋毫和技艺巧妙吗？）

尝闻古之君子，周旋则中规，折旋则中矩，此固不必实有此规矩也。顾不必有者，规矩之寓于虚；而不可无

者,规矩之形于实。奈之何以审曲面势之人,而漫曰舍旃舍旃也。【起讲】

(译文:曾经听说古代的君子,进退揖让则中规,曲折周旋则中矩,这本来不必实有这种圆规曲尺。然而不必有者,是因为圆规曲尺存在于虚;而不可无者,是由于圆规曲尺表现于实。如何以审察曲直面对形势的人,而胡说舍弃舍弃。)

有如离娄之明,公输子之巧,诚哉明且巧矣。【入题】

(译文:有像离娄的明察秋毫和公输般的技艺巧妙,诚然是明察而且巧妙了。)

夫有其明,而明必有所丽,非可曰睨而视之已也,则所丽者何物也?

夫有其巧,而巧必有所凭,非可曰仰而思之已也,则所凭者何器也?【起二股】

(译文:有这种明察,而明察必须有所附着,不是可以说斜着看一眼就完了,那么所附着的是什么东西呢?

有这种巧妙,而巧妙必须有所凭借,不是可以说仰头想一下就完了,那么所凭借的是什么器物呢?)

亦曰规矩而已矣。【过接】

(译文:也可以说是圆规曲尺罢了。)

大而言之,则天道为规,地道为矩,虽两仪不能离规矩而成形。

小而言之,则袂必应规,袷必如矩,虽一衣不能舍规矩而从事。【中二股】

(译文:从大的方面说,则天道为圆规,地道为曲尺,虽然是天地也不能离开圆规曲尺而成形。

从小的方面说,则衣袖必然应对于圆规,衣袷必然相似于曲尺,虽然是一件衣服也不能舍弃圆规曲尺而制作。)

孰谓规矩而不可以哉?【出题】

(译文:什么叫作圆规曲尺而不可用呢?)

而或谓规矩非为离娄设也,彼目中明明有一规焉,明明有一矩焉。则有目中无定之规矩,何取乎手中有定之规矩?

而或谓规矩非为公输子设也,彼意中隐隐有一规焉,隐隐有一矩焉。则有意中无形之规矩,何取乎手中有形之

规矩?【后二股】

(译文：或者说圆规曲尺不是为离娄设置的，他的眼中明明就有一个圆规，明明就有一个曲尺。那么有眼中无形的圆规曲尺，何必拿手中有形的圆规曲尺？

或者说圆规曲尺不是为公输般设置的，他的心中隐约就有一个圆规，隐约就有一个曲尺。那么有心中无形的圆规曲尺，何必拿手中有形的圆规曲尺?）

诚如是也，则必无事于规而后可，则必无事于矩而后可。夫吾不规其规，何必以规？吾不矩其矩，何必以矩？而不然者，虽明与巧有存乎规矩之外，如欲规而无规何？如欲矩而无矩何？

诚如是也，则必有以代规而后可，则必有以代矩而后可。夫吾有不规而规者，何必以规？吾有不矩而矩者，何必以矩？而不然者，虽明与巧有出乎规矩之上，如规而不规何？如矩而不矩何？【束二股】

(译文：果真如此，则必然不用圆规也可以，则必然不用曲尺也可以。那么我不用圆规去画圆，何必用圆规？我不用曲尺去画方，何必用曲尺？而不然的话，虽然明察和巧妙有出于圆规曲尺之上，想画圆而无圆规怎么办？想画方而无曲尺怎么办？

果真如此，则必然有用来代替圆规的才可以，则必然有用来代替曲尺的才可以。那么我有不是圆规的东西可以画圆，何必用圆规？我有不是曲尺的东西可以画方，何必用曲尺？而不然的话，虽然明察和巧妙有出于圆规曲尺之上，画圆而无圆规怎么办？画方而无曲尺怎么办？）

夫人之于离娄，不称其规矩，称其明也。人之于公输，不称其规矩，称其巧也。则规矩诚为后起之端。然离娄之于人，止能以规矩示之，不能以明示之也。公输之于人，止能以规矩与之，不能以巧与之也。则规矩实为当循之准。不以规矩，何以成方圆哉!【大结】

(译文：那么人们对于离娄，不称赞他的圆规曲尺，称赞他的明察秋毫。人们对于公输般，不称赞他的圆规曲尺，称赞他的技艺巧妙。则圆规曲尺确实是后起的。然而离娄对于人们，只能用圆规曲尺来显示，不能用明察来显示。公输般对于人们，只能用圆规曲尺来给予，不能用巧妙来给予。那么圆规曲尺实在是应当遵循的标准。不用圆规曲尺，用什么来成方圆呢！）

由此可以看出，八股文是一种新的应试经术的专用文体。其特点有四：第一，八股文的题目必须出自"四书五经"，如《不以规矩》就出自《孟子·离娄上》："孟子曰：'离娄之明，公输子之巧，不以规矩不能成方圆。'"第二，文章不能随意发挥自己的见解，"四书"只能以朱熹的《四书章句集注》为准绳，而且必须按照题目模拟古代圣贤的语气作文，叫作"代圣贤立言"。第三，在形式上，有严格的固定格式，一篇八股文通常由破题、承题、起讲、入题、起股、出题、中股、后股、束股、落下（收结）等十个段落组成。其中起股、中股、后股、束股四段，每段必须有两股排比对偶的文字，合起来共有八股，故称"八股文"，也称"八比文""时文"或"制义"等。第四，每篇四书义的字数也有一定限制，如康熙时以 600 字为满篇，乾隆时以 700 字为满篇。此外，甚至对每段开头的虚词也有规定。如清朝规定，承题开头要用"夫""而""盖"，末字要用"耳""焉""矣"；起讲开头要用"且夫""尝谓""若曰"等。

本来一篇文章分若干段落是作文的方法，大家上中学的时候，老师教大家写作文，会告诉你怎么开头，怎么展开论述（正面论述、反面论述），最后怎么结尾。这种作文的方法在南宋时期逐渐发展成为"十段文"，即破题、承题、小讲、缴结、官题、原题、大讲、余意、原经、结尾。十段文首先见于论，随后也见于经义，但是在南宋时中间四段文字不一定都是排比对偶。宋元的十段文可以说是八股文的雏形，而八股文的形成则在明宪宗成化以后。

八股文在文学史上有其一定的地位，但在科举史上则是弊大于利。其空虚的内容和僵化的形式，都是对士人的一种桎梏。在它盛行的四百多年间，不知摧残了多少人才！明末清初人顾炎武（1613—1682）甚至说："愚以为八股之害等于焚书，而败坏人材，有甚于咸阳之郊所坑者但四百六十余人也。"⑯清代徐大椿（1693—1771）讽刺说："读书人，最不济。烂时文，烂如泥。国家本为求才计，谁知道变做了欺人技。三句承题，两句破题，摆尾摇头，便道是圣门高第。可知道，'三通''四史'

是何等文章，汉祖、唐宗是哪一朝皇帝？案头放高头讲章，店里买新科利器。读得来肩背高低，口角唏嘘。甘蔗渣儿嚼了又嚼，有何滋味？辜负光阴，白白昏迷一世。就教他骗得高官，也是百姓、朝廷的晦气！"⑰

当然，现在也有人为八股文翻案，说它是一种"标准化考试"，改卷子的时候有一个客观的标准，一眼就能看出优劣高低。但是，我觉得它作为标准化考试方面的意义远远掩盖不住束缚思想、消磨意志的弊病。正如鲁迅在《伪自由书》中的《透底》一文中所说："八股原是蠢笨的产物。一来是考官嫌麻烦——他们的头脑大半是阴沉木做的，——什么代圣贤立言，什么起承转合，文章气韵，都没有一定的标准，难以捉摸，因此，一股一股地定出来，算是合于功令的格式，用这格式来'衡文'，一眼就看得出多少轻重。二来，连应试的人也觉得又省力，又不费事了。这样的八股，无论新旧，都应当扫荡。"尤其到了清朝后期，整个时代在前进，西方无论是自然科学还是社会科学都在进步，而清朝的应举人还在"八股文"里打转转，这毫无疑问不适合时代发展的需要，无法造就和选拔出适应时代需要的治国安民的人才。所以，清朝政府也曾进行过一些科举考试内容方面的改革，比如康熙二年（1663）就曾下诏："乡、会考试，停止八股文，改用策论表判。"⑱但过了五年又恢复了八股文取士。如前面所说，到光绪二十七年又把八股文废除了，改为：第一场试中国政治、史事论五篇；第二场试各国政治、艺学策五道；第三场试"四书"义二篇、"五经"义一篇，但不用八股文，而是恢复到王安石经义的考法。但这一切都为时已晚，又过了三年，到光绪三十一年（1905），科举被废除；又过了六年，到宣统三年（1911），清朝就灭亡了。

在考试内容上，王安石科举改革是在追求"致用"，以考试实用之学来造就和选拔经世致用的官员。八股文则是在追求"方便"，用现在的话说，叫作"标准化考试"，实际是以空虚无用之文禁锢士人的思想，消磨士人的意志。现在的高考和公务员考试，应该好好吸取科举考试的经验教训。考试的目的是造就和选拔出治国安民的有用人才，考试内容是一个指挥棒，必然影响应试人平时的学习内容。致用应该是第一位的，方便是第二位的，绝不能为了考校的方便而影响了致用。

四、科举及第与授官

（一）科举及第

唐代科举为解试、省试两级考试，省试合格即为科举及第。那么，唐代科举取士共有多少人呢？据《文献通考·选举考》及《登科记考》统计，有唐290年间，共开科取士268榜，有具体数字记载者为：秀才29人，进士6648人，明经诸科（包括明经、三礼、三传、三史、明法、童子科等）1596人，制举652人，共8925人。以上统计数字中，进士及第者平均每榜为25人，较为接近实际登科人数。但是，统计所得明经诸科人数，则恐大大低于实际登科人数。如史料记载，开元年间规定："天下明经、进士及第，每年不过百人。"⑲当时进士及第者，每年为二三十人，明经当为七八十人。而据《文献通考·选举考》及《登科记考》统计，明经诸科每榜平均仅为6人。二者相差如此之大，除了每榜所取明经诸科不一定取满限定人数之外，主要是因为明经诸科在唐代不被人们重视，而为登科记所漏载。《通典》记载："其进士大抵千人得第者百一二；明经倍之，得第者十一二。"⑳据此，唐代明经诸科取士约为进士的一倍。照此推算，唐代当共取明经诸科13292人。这样，唐代贡举、制举、童子举等共取士当为20619人，平均每年71人。唐代进士及第第一名称"状元"，或称"状头""榜首"，年龄最小者为"探花"。

宋太祖开宝六年创立殿试制度，成为三级考试，殿试合格始为科举及第。宋代进士及第一般分为五甲。北宋前期，第一、二、三甲赐进士及第，第四甲赐进士出身，第五甲赐同进士出身。也有分为四等或六等者。北宋后期及南宋时期，进士一般第一、二甲赐进士及第，第三、四甲赐进士出身，第五甲赐同进士出身。北宋时，进士殿试第一人称"状元"，或称"榜首""状头"，第二人称"榜眼"，年龄最小者为"探花"，与唐代略同。至南宋后期，始称"第一名状元及第，第二名榜眼，第三名探花"㉑，也有将前三名均称为状元者。

关于宋代科举登科人数，根据我的统计与推算，正奏名进士约为43000人，正奏名诸科约为17000人，二者共约60000

人，平均每年录取正奏名约为188人。此外，还有特奏名，即积累到一定举数和年龄的应举人，免于解试、省试，直接由礼部奏名参加殿试者。根据我的统计与推算，特奏名及第者约为5万人，平均每年录取约为156人。这样，两宋共取士约11万人，平均每年录取约344人。

元代会试取士名额为100人，蒙古、色目人与汉人、南人分别考试，各取25人。殿试不黜落，及第者分为三甲，分别赐进士及第、进士出身、同进士出身。元朝进士及第分为两榜，以蒙古、色目人为右榜，汉人、南人为左榜，各有状元。元代不甚重视科举，在将近一个世纪中，共开科取士16次，除元统元年（1333）同同、李齐榜取满100人外，其他15榜均不满100人。据统计，共为1138人，平均每年取士不到12人。

明代科举及第分为三甲，分别赐予进士及第、进士出身、同进士出身。第一甲三名，第二、三甲各若干名。第一甲第一名称"状元"，第二名称"榜眼"，第三名称"探花"。科举及第无定额，每榜300人左右。据统计，明代276年间，共开科89榜，取进士24586人，平均每年取士89人。

清代殿试，读卷官考定名次之后，需将所拟前十名试卷进呈皇帝，由皇帝钦定名次。赐第与明朝同。进士及第亦无定额。据统计，清代268年间，共开科112榜，取士26849人，平均每年取士100人。

（二）释褐授官

唐代明经、进士及第之后，只是取得了做官的资格，还不能直接入仕做官，必须再经过吏部考试，及格后才能释褐授官。因而唐代许多士人明经、进士及第多年之后，仍为一介布衣，以至有及第二十年而未获官禄者。如一代文豪韩愈（768—824），他参加了四次礼部的科举考试才考中进士，参加了三次吏部的考试都没有通过。他希望通过当朝宰相的推荐能获得一官半职，结果三次上书宰相均无作用，只好离开京城长安，到宣武军节度使董晋（723—799）的麾下做幕僚，后来经过董晋的推荐，得到试秘书省校书郎这样的小官，才正式踏上了仕途。

唐代明经、进士吏部考试合格之后，即释褐授官，而其所授官职包括阶官和职事官。阶官表示品阶、级别，职事官才是实际职务。唐代科举出身者初授品阶很低，所授职事官也不会很高，最高者为从八品，一般均为正、从九品。

宋初承五代后唐之制，进士、诸科及第之后，并由礼部贡院关送吏部南曹，试判三道，考试合格，始释褐授官。宋太宗太平兴国二年（977），进士、诸科及第出身者共500人，不经吏部关试皆释褐授官，并且未授官"皆先赐绿袍、靴、笏"，"第一、第二等进士并九经授将作监丞、大理评事、通判诸州；同出身进士及诸科并送吏部免选，优等注拟初资职事、判司簿尉"。⑫此后遂成为定制。至宋真宗景德二年六月一日，由于员多阙少，始规定进士、诸科第五甲（等）以下，须经吏部铨试合格，才能授官。自此至南宋末年，未再变更。

宋代进士、诸科及第所授官职亦包括阶官与职事官，而且其官职高低在不同时期也有所变化。宋太祖朝授官甚低，如开宝八年（975）的状元王嗣宗（944—1021），仅授官为秦州司寇参军，属最低一级的文官。宋太宗朝之后，始授官优渥。宋太宗、真宗、仁宗三朝，一般是第一甲第一人授将作监丞；第二、第三人为大理评事，并为诸州通判；第四、第五人授校书郎、签书诸州判官事。第六名以下第一甲及第者授两使职官、知县；第二甲授初等职官；第三、第四甲并诸科及第出身者，授判司簿尉；第五甲及诸科同出身者守选。宋仁宗嘉祐三年（1058），乃诏稍损擢任恩典，自今进士第一人授大理评事、签书两使幕职官厅公事或知县；第二、第三人并授两使幕职官；第四、第五人并授试衔知县。第六人以下第一甲授初等职官；第二至第四甲授判司簿尉；第五甲，守选。南宋时授官略同此制，只不过是阶官名称有所变化而已。如宋孝宗朝一般为进士第一人授承事郎、签书诸州节度判官事；第二、第三人授文林郎、两使职官；第四、第五人授从事郎、初等职官。第六人以下至第四甲，并授迪功郎、诸州司户簿尉；第五甲，守选。由以上可以看出，未授官先释褐、及第即授官（后改为第五甲同出身者守选）、授官优渥是宋代科举制度在释褐授官方面与唐代的主要不同之处。这突出表明，科举取士在宋代官僚政治中的地位有了很大的提高。

元代授官，第一甲第一人为从六品，一般授翰林院修撰；第二人以下及第二甲为正七品，一般授承事郎、同知州事；第三甲一般授将仕郎、翰林国史院编修官或诸路达鲁花赤、诸州判官、县丞等。

明代进士及第，"状元授修撰，榜眼、探花授编修，二、三甲考选庶吉士者，皆为翰林官。其他或授给事、御史、主事、中书、行人、评事、太常、国子博士，或授府推官、知州、知县等官。"[73]较之宋代，更为优渥。清承明制，大致相同。明清授官都优于宋代，其原因之一大概是每榜取士较少吧。科举及第之后，还有一系列活动，如唱名赐第、赐宴、谢恩、期集、编登科录、立题名碑等，甚为荣耀。时间关系，就不具体讲了。（图5）（图6）（图7）（图8）（图9）

图5　北京孔庙进士题名碑林

图6　进士牌坊

图7　翁同龢状元匾

图8　吴大澂进士匾

图9　邢丹举人匾

五、科举制度在中国历史上的地位与作用

科举考试制度是中国历史上一种选拔官员的制度。它不问家世，无须举荐，主要以考试成绩决定取舍，比世卿世禄制、察举制更具有公开、平等、择优的性质，因而在历史上也更具有进步性，可以说是中国古代社会中最进步、也是最重要的选拔官员的制度。

科举考试制度在历史上起过很积极的作用，这一点在唐宋时期表现得尤为突出。首先，通过科举考试，选拔了一大批"寒俊之士"，即出身寒微但才能杰出的人才，参加国家管理，分掌兵、刑、钱、谷等事，对于社会的发展起到了促进作用。如宋太宗朝的名臣王禹偁（954—1001），《宋史》本传说他"世为农家"，毕仲游则说他是"磨家儿"，以磨面为生人家的儿子。宋仁宗朝的宰相杜衍（978—1057），是一个遗腹子，他的母亲改嫁河阳的钱氏，他的继父不容纳他，他只好往来孟州和洛阳之间，穷得以卖字为生。[74]副宰相范仲淹（989—1052）两岁时父亲去世，母亲改嫁山东长山县的朱氏，他从继父的姓，叫朱说。他长大之后，知道了自己的身世，就告别母亲，到应天府书院求学。经过五年苦读，终于考中了进士，然后才改名为范仲淹。[75]副宰相欧阳修（1007—1072）幼年家贫，以至于用芦苇秆当笔在地上写画学字。[76]如此等等。他们都并非出身于富豪显贵之家，完全是通过科举考试才踏上仕途的。又如副宰相包拯（999—1062）、宰相王安石也不过是出身于中小地主家庭，其父辈也仅官至县令，不通过科举考试，他们也是难以位至宰执，参与大政的。这些人才在宋代的政治改革和诗文革新等方面，都起了积极的作用，对后世也有深远的影响。

社会学家潘光旦、费孝通曾根据清代915份试卷的履历，统计出约有60%进士的父祖辈没有仕宦身份，即由白衣而获得功名，从而构成了社会阶层的流动。[77]同年，美国学者柯睿格曾根据《绍兴十八年同年小录》和《宝祐四年登科录》，统计出有一半以上的进士其前三代都没有人做官，也说明由于科举考试制度，出现了上下的社会流动。此后，有不少学者发表了一些不同意见。但无论其程度与性质如何，中国古代通过科举考试，从地主阶级各阶层（包括少数富裕农民）中选拔出不少杰出人才进入仕途的社会现象是客观存在的。这对于中国古代王朝调整统治阶级内部的关系，扩大统治的社会基础，提高统治的能力和效率都是有益的。

其次，科举制度改变了中国古代社会的官员结构，在一定程度上提高了官员的素质。中国古代社会官员的主要来源为：世袭补官及其变种门荫补官、荐举入仕、科举取士、胥吏出职、进纳买官、军功补官等。隋唐以来，科举出身的官员在高级官员中的比例逐渐增加，到唐代后期至宋代已占有绝对优势。根据吴宗国教授的统计，从唐宪宗时起，进士出身者即在宰相中占据多数。此后继续发展，以至占据绝对优势，而且终唐之世没有再发生变化。在宋代更是如此。现将北宋时期科举出身者在宰相、副宰相中所占比例列表如下。

项目\朝代	宰相			副宰相		
	总数	科举出身数	百分比	总数	科举出身数	百分比
太祖	6	3	50%	4	3	75%
太宗	9	6	66.7%	23	21	91.3%
真宗	12	11	91.7%	17	17	100%
仁宗	23	22	95.7%	39	37	94.9%
英宗	2	2	100%	2	2	100%
神宗	9	9	100%	18	18	100%
哲宗	11	11	100%	23	22	95.7%
徽宗	13	13	100%	34	31	91.2%
钦宗	7	6	85.7%	16	11	68.8%
合计	92	83	90.2%	176	162	92%

元代不重视科举，而明清与宋代的情况大致相仿。科举出身者在高级官员中占绝对优势，对于提高官员的素质是有益的。如在宋代，高官显宦子弟凭借父祖的官职，"不限才愚，尽居禄位。未离襁褓，已列簪绅"[28]。他们养尊处优，不学无术。"俾之从政，徒只害民。"[29]百司胥吏，主行文书，积年寡过，例该出职。他们文化素质较差，而且大多贪赃枉法，使之任官，往往变本加厉。至于富室巨商进纳买官，目的在于提高政治地位，进而攫取更多的财富。所以出官之后，必然加倍搜刮民脂民膏，其能奉法治事者，恐百无一二。而科举所取之士，一般经过一二十年治经阅史的读书生涯，又经过解试（乡试）、省试（会试）、殿试三级比较严格的考试，数百人挑一甚至千里挑一，方能及第授官。他们一般具有相当的文化知识，并且长期受儒家思想熏陶，稍顾礼义廉耻，虽然其中也有不少庸碌无能之辈，但较之门荫补官、胥吏出职及进纳买官，在政治素质和文化素质上显然要好一些。

第三，科举制度也促进了文化教育事业的发展。如在宋代，在科举考试的刺激下，读书人数急剧增加，对经、史、子、集各类书籍的需求量也大为增加；而在科学技术方面，雕版印刷术的发展和活字印刷术的发明，以及造纸技术的提高，也促使各类书籍得以大量印刷和广泛流布，这样就大大推动了文化的普及。为了适应科举考试的需要，中央官学、地方官学、各地书院及各种乡村私塾空前发展。如中央太学，宋徽宗时生员达上舍200人，内舍600人，外舍3000人，共3800人。各州县一般皆有官学，并有学田、房舍以供办学之费。据徽宗朝的国子祭酒葛胜仲（1072—1144）《乞以学书上御府并藏辟雍札子》称，根据当时官方统计，宋徽宗大观三年（1109），宋朝全国24路官学生员共167622人，学舍95298楹，学钱岁所入3058872缗，学粮岁所入640291斛，学田155990顷，房廊155454楹。其官学在校学生之多，校舍之广，经费之大，都是空前的。至于民间的书院与私塾，更是不可胜数。明清时期，"科举必由学校"，官学与私塾的学校教育更为发达。

第四，科举制度在考试方法方面日臻完备，在相当大的程度上体现了公开考试、平等竞争、择优录用的精神，因而对于近代的文官考试制度起有借鉴的作用。1855年开始建立的英国文官考试制度，就显然受到中国科举考试制度的影响。正如孙中山先生在《五权宪法·民权初步》中所说："现在各国的考试制度，差不多都是学英国的。穷流溯源，英国的考试制度，原来是从我们中国学过去的。所以，中国的考试制度，就是世界中最古最好的制度。"1896年，美国传教士丁韪良在《中国环行记》一书中也说："科举是中国文明的最好方面，它的突出特征令人钦佩……当今在英国、法国和美国正在取得进展的文官考试制度，是从中国的经验中借鉴而来的。"在我们现在的考试制度中，还保留着许多科举考试的方法。如试卷封弥制度，按号入座制度，禁止怀挟、传义、代笔制度，主要以考试成绩决定取舍高下制度等等。科举考试制度的许多方面，对于我们今天的政治体制改革，尤其是对于实行高考制度、公务员制度，都是有启发和教益的。

同时，我们也应充分看到科举制度也有许多弊病，这一点在明清后期表现得尤为突出，在历史上也起过很消极的作用。

首先，在科举考试内容方面，如前所述，唐宋的格诗、律赋、帖经、墨义，尤其是明清的八股文，都是于世无用的"雕虫篆刻之学"，以此取士，非但不能选拔出经世致用之才，反而会败坏人才。当时的有识之士，已经提出了尖锐批评，连古代皇帝也不得不承认这一弊病。如唐玄宗开元二十五年（737）敕云："进士以声律为学，多昧古今；明经以帖诵为功，罕穷旨趣，安得为敦本复古，经明行修？以此登科，非选士取贤之道。"⑧⑩王安石更指出："今以少壮时正当讲求天下正理，乃闭门学作诗赋；及其入官，世事皆所不习。此乃科法败坏人才，致不如古。"⑧⑪至于以八股文取士，顾炎武认为，其弊甚于焚书坑儒，这绝非危言耸听。尤其到了清代后期，西方国家的科学技术突飞猛进，中国则大大落后时代的潮流和世界的发展，而科举制度仍然引导士人埋头于"四书""五经""程墨""时文"，把科学技术看作是"奇技淫巧"而不屑一顾，其考试内容陈腐，形式僵化，误国害民，昭然若揭。康有为在《请废八股试帖楷法试士改用策论折》中说：总计全国童生，三十年间约为三百万之数，"实为最有用之年华，最可用之精力，假以从事科学，讲求政艺，则三百万之人才，足以当荷兰、瑞典、丹麦、瑞士之民数矣，以为国用，何求不得？何欲不成？乃以三百万可用之精力、人才、月日，钩心斗角，弊精费神，举而投之于枯困搭截文法之中，以言圣经之大义，皆不与之以发明也，徒令其不识不知、无才无用、盲聋老死，是比白起之坑长平赵卒四十万，尚十倍之。其立法之谬异、流弊之奇骇，诚古今所未闻，而外人所尤怪诧者矣。"⑧⑫这完全是基于切肤之痛而发出的肺腑之言。以八股文取士，不但不能造就和选拔治国安民之才，而且会禁锢思想，败坏人才。

其次，中国古代统治者开科取士的目的之一就是笼络天下士人。传说唐太宗"尝私幸端门，见新进士缀行而出，喜曰：'天下英雄入吾彀中矣！'"⑧⑬宋代科举考试中"特奏名"，也是为了笼络天下士人而设的。王栐明确指出："自是士之潦倒不第者，皆觊觎一官，老死不止。……英雄豪杰皆汨没消靡其中而不自觉，故乱不起于中国，而起于夷狄，岂非得御天下之要术欤！"⑧⑭

及至明朝中叶以后，完全以八股文取士，在内容上要求应举人完全按照"四书""五经"及官方指定的注疏,"代圣贤立言",不准发挥己意;在形式上严格按照规定的格式排比对偶,敷衍成文,甚至连每段开头的虚字也都有规定。这样,就使科举考试制度完全成了文化专制主义的工具。既禁锢士人的思想,又消磨士人的意志。清朝执政大臣鄂尔泰(1680—1745)就曾直言不讳地说过:"非不知八股为无用,而用以牢笼志士,驱策英才,其术莫善于此。"[85]清朝统治者直接把科举当作了笼络士人的工具。

时代在前进,社会在发展,科举制度的痼疾日益明显,以至"废八股、罢科举、兴学校"成为朝野上下的共识。科举制度已经完成了它的历史使命,清朝光绪三十一年科举制度的废除也是历史的必然。

总的来说,科举制度及其实施1300年来所形成的科举文化,是中华优秀传统文化的一个重要组成部分,是历代祖先给我们留下的一份宝贵文化遗产。我们应该批判地继承,取其精华,去其糟粕,弘扬优秀的科举文化,清除科举制度的弊病。例如在当代高考和公务员考试制度中,应该很好地吸取中国古代实行科举制度的经验教训,使现在的这两种考试制度做得更好,真正发挥培养人才、选拔官员的作用。为推动我国的政治清明、经济发展、文化繁荣,实现中华民族的伟大复兴和世界的和平与发展做出贡献。

注释:

①周谷城:《中国通史》上册,开明书店1939年版。

②韩国磐:《略述科举制度》,《历史教学》1960年第4期。

③沈任远:《隋唐政治制度》,台湾商务印书馆1977年版。

④黄留珠:《中国古代选官制度述略》第五章《隋唐的科举与铨选》,陕西人民出版社1989年版。

⑤邓嗣禹:《中国科举制度起源考》,《史学年报》1934年第2卷第1期。

⑥何忠礼:《科举制起源辨析——兼论进士科首创于唐》,《历史研究》1983年第2期。

⑦刘海峰:《唐代教育与选举制度综论》,文津出版社1991年版;《"科举学"发凡》,《厦门大学学报(哲学社会科学版)》

1994年第1期；《科举制的起源与进士科的起始》，《历史研究》2000年第6期。

⑧张希清：《关于科举制度创立的几个问题》，《北大史学》第1辑，北京大学出版社1993年版；《中国科举考试制度》，新华出版社1993年版。

⑨（宋）陆游：《老学庵笔记》卷五，中华书局1979年版。

⑩黄炎培：《中国教育史要·序言》，商务印书馆1930年版。

⑪徐连达、楼劲：《汉唐科举异同论》，《历史研究》1990年第5期。

⑫同⑤。

⑬范文澜：《中国通史简编》第三编，人民出版社1965年版。

⑭同⑥。

⑮阎步克：《察举制度变迁史稿》第十四章《科举的前夜》，辽宁大学出版社1997年版。

⑯刘海峰：《科举制的起源与进士科的起始》，《历史研究》2000年第6期。

⑰（南朝宋）范晔：《后汉书》卷六一《左雄传》，中华书局1965年版。

⑱张希清：《关于科举制度创立的几个问题》，《北大史学》第1辑，北京大学出版社1993年版。

⑲（唐）杜佑：《通典》卷一五《选举》三，中华书局1988年版。

⑳高明士：《隋唐贡举制度》，文津出版社1999年版。

㉑韩国磐：《关于科举制度创置的两点小考》，《隋唐五代史论集》，生活·读书·新知三联书店1979年版。

㉒陈直：《古籍述闻》，《文史》1963年10月第3辑。

㉓毛礼锐等：《中国古代教育史》，人民教育出版社1979年版。

㉔范文澜：《中国通史》第三册，人民出版社1995年版。

㉕（清）徐松：《宋会要辑稿·选举》三之二二《贡举杂录》，中华书局1957年版。

㉖唐长孺：《南北朝后期科举制度的萌芽》，《魏晋南北朝史论丛续编》，生活·读书·新知三联书店1959年版。

㉗（唐）房玄龄等：《晋书》卷四五《刘毅传》，中华书局1974年版。

㉘（五代）王定保：《唐摭言》卷九《恶得及第》，上海古籍出版社1978年版。

㉙（宋）俞文豹：《吹剑录全编·吹剑四录》，古典文学出版社1958年版。

㉚（清）张廷玉等：《明史》卷六九《选举一》，中华书局1974年版。

㉛（宋）李焘：《续资治通鉴长编》（以下简称《长编》）卷六十景德二年七月丙子，中华书局2004年版。

㉜《宋会要辑稿·选举》四之三八《贡举杂录》。

㉝同㉘。

㉞（宋）欧阳修：《欧阳修全集》卷一一三《论逐路取人札子》，中华书局2001年版。

㉟（明）王圻：《续文献通考》卷四三《选举考·举士一》，现代出版社1986年版。

㊱（元）脱脱等：《宋史》卷四七三《秦桧传》，中华书局1977年版。

㊲（宋）李心传：《建炎以来系年要录》卷一七一绍兴二十六年正月辛亥，上海古籍出版社2018年版。

㊳（元）脱脱等：《金史》卷五一《选举志》一，中华书局1975年版。

㊴《宋会要辑稿·选举》三之二二至三之二三《贡举杂录》。

㊵（唐）李林甫等：《唐六典》卷四《尚书礼部》，中华书局1992年版。

㊶（宋）朱熹：《三朝名臣言行录》卷八《丞相申国吕正献公》，四部丛刊初编本。

㊷《宋会要辑稿·选举》七之一九《亲试》。

㊸方龄贵：《通制条格校注》卷五《科举》，中华书局2001年版。

㊹（明）徐溥等：《明会典》卷七七《殿试》，四库全书本。

㊺（宋）马端临：《文献通考》卷三一《选举考》四，中华书局2011年版。

㊻（宋）司马光：《温国文正司马公文集》卷五二《起请科场札子》，四部丛刊初编本。

㊼（宋）王溥：《唐会要》卷七五《帖经条例》，上海古籍出版社1991年版。

㊽（宋）欧阳修等：《新唐书》卷四四《选举志》上，中华书局1975年版。

㊾（宋）王林：《燕翼诒谋录》卷二，中华书局1981年版。

㊿同㊻。

(51)《宋会要辑稿·选举》三之二八《贡举杂录》。

(52)《宋史》卷四四四《刘恕传》。

(53)（宋）蔡襄：《蔡襄集》卷二三《论改科场条制疏》，上海古籍出版社1996年版。

(54)《文献通考》卷三二《选举考》五。

(55)《长编》卷二二〇熙宁四年二月丁巳注。

(56)同㊺。

(57)同㊺。

(58)孔凡礼点校：《苏轼文集》卷四九《谢梅龙图书》，中华书局1986年版。

(59)（宋）刘挚：《忠肃集》卷四《论取士并乞复贤良科疏》，中华书局2002年版。

(60)同上。

(61)《长编》卷二六六熙宁八年七月辛巳。

(62)（宋）苏轼：《东坡集》卷三《戏子由》，宋刻本。

(63)《长编》卷三七一元祐元年三月壬戌。

(64)同上。

(65)同㊻。

(66)（清）顾炎武：《日知录集释（全校本）》卷十六《拟题》，上海古籍出版社2006年版。

(67)（清）袁枚：《随园诗话》卷十二《权寄徐灵胎》，人民文学出版社1960年版。

(68)《清实录·圣祖实录》卷九康熙二年八月癸卯，中华书局1985年版。

(69)（清）董诰等：《全唐文》卷二九八，杨玚《谏限约明经进士疏》，中华书局1983年版。

(70)同⑲。

(71)（宋）吴自牧：《梦粱录》卷三《士人赴殿试唱名》，浙江人民出版社 1984 年版。

(72)《长编》卷一八太平兴国二年正月庚午。

(73)《明史》卷七十《选举志》二。

(74)（宋）司马光：《涑水记闻》卷十，中华书局 1989 年版。

(75)《宋史》卷三一四《范仲淹传》。

(76)《宋史》卷三一九《欧阳修传》。

(77)潘光旦、费孝通：《科举与社会流动》，《社会科学》（清华大学）1947 年第 4 卷第 1 期。

(78)《长编》卷一三二庆历元年五月壬戌。

(79)同上。

(80)同㊼。

(81)同㊺。

(82)中国史学会：《中国近代史资料丛刊·戊戌变法》，神州国光社 1953 年版。

(83)《唐摭言》卷一《述进士上篇》。

(84)《燕翼诒谋录》卷一。

(85)陆保璇：《满清稗史》第二章第三十一节《用儒术以笼络汉族》，中国书店 1987 年版。

金滢坤

唐五代科举与婚姻观念的变迁

　　金滢坤，历史学博士，首都师范大学历史学院教授、博士生导师，国家社会科学基金重大项目首席专家，北京市"长城学者"。兼任中华炎黄文化研究会童蒙文化研究分会副会长、秘书长，中华炎黄文化研究会科举文化研究分会主席团主席，中华炎黄文化研究会理事，中国敦煌吐鲁番学会理事，日本广岛大学综合科客座教授，京都大学人文研访问学者。主要从事隋唐史、科举史、童蒙文化、敦煌学研究，曾在《历史研究》《中国史研究》《民族研究》等刊物上发表论文90余篇，其中有20余篇被《新华文摘》《中国社会科学文摘》、人大复印报刊资料全文转载。独立出版《中晚唐五代科举与社会变迁》《中国科举制度通史·隋唐五代卷》等专著多部。主持国家社会科学基金重大项目"中国童蒙文化史研究"、中宣部古籍出版重大项目"敦煌蒙书校释与研究"等各类省部级项目10余项。

非常荣幸有机会做"科举文化系列"的演讲，我今天演讲的题目是《唐五代科举与婚姻观念的变迁》。我主要从三个方面说明这个问题：第一，讲科举对婚姻观念变迁的影响；第二，讲科举影响下的婿婿文化；第三，讲科举影响婚姻观念变迁的原因。

一、科举对婚姻观念变迁的影响

仕宦和婚姻，是中国古代士大夫人生中最重要的两件大事。陈寅恪先生也说过类似的话："南北朝社会以婚宦二端判别人物、流品之高下，唐代犹承其风习而不改。"我觉得这句话说得非常好。

魏晋南北朝时期的中国是个士族社会。士族为了维护自身的利益，修撰族谱，禁止与非士族的寒门往来。婚姻无疑就成了维护士族门第累代不衰的一个重要方式。当时，人分士庶，官分清浊，可以说士族是平流进取、坐至公卿。魏晋士族享有很多的特权，为了维护他们的特权，整个社会"士庶不同座，士庶不通婚"。举个典型的例子，比如当时的王氏，有东海王氏、琅琊王氏，东海王氏跟琅琊王氏比起来，门第还略低一点。即便是这样一个王氏，王源把他的女儿嫁给了富阳的满氏。满氏的地位比较低，这时南北朝时期著名的历史学家和文学家沈约，他也是《宋书》的作者，就特别地为了这件事上书弹劾王源，说"王满连姻，实骇物听"，这个事情非常严重。因为王氏是士族之家，满氏为寒门，在当时就犯了大忌。

在唐前期由于科举制度还处在发展阶段，科举对婚姻的影响还不是很明显，世人选婿更加注重门第。特别是这些大士族之间，他们相互通婚，形成了所谓的"五姓婚姻圈"。具体是太原王氏、范阳卢氏、荥阳郑氏、博陵清河二崔，还有陇西赵郡二李等七姓十家。唐高宗曾一度出面干预，批判这种"恃其族望，耻与他姓为婚"的社会现象。其实这个事情的起因是高宗朝的李义府。李义府因为支持武则天成为皇后，得到高宗和武则天的宠爱，但是李义府是庶族地主，门第比较低，他想攀附河东的"五姓婚姻圈"，结果这五姓无一例外都拒绝跟他联姻。所以他向唐高宗、武则天哭诉，高宗就下了这道命令，禁止五姓相与为婚。但是即便是皇帝也难以禁止"五姓婚姻圈"，禁婚令所禁的五姓士族反而是自号"禁昏家"，他们相互之间是更加崇重，并且是"潜相聘娶，天子不能禁"。

到了唐中宗时期，禁婚的问题还没有解决。唐中宗在神龙中再次重申高宗的禁婚令，说"以五姓婚娉，冠冕天下，物恶大盛，禁相为姻"。同样，中宗的这个禁令也没有得到很好地实行。到了安史之乱以后，唐代宗大历四年（769）的时候，代宗时期非常有名的一个进士出身的文人叫李华，他给别人写墓志铭，通过墓志铭吹捧博陵崔氏，说"山东士大夫以五姓婚姻为第一"，这是在说崔氏的门第之高。

但是到了中唐时期，社会的婚姻观念就慢慢地发生了变化。所谓"五姓女"的门第观念，逐渐向科名和门第并重转换。据《唐国史补》卷上说："伊慎每求甲族以嫁子，李长荣则求时名以嫁子，皆自署为判官。"德宗朝的两个节度使，在选择女婿的时候，代表了两种类型。伊慎代表的是甲族、门第，李长荣嫁女的时候强调时名。为什么时名就是科举呢？在开元天宝以后，唐代的科举考试一般来讲注重考试的成绩与时誉，就是名气大小，时誉跟形象也有很大的关系。所以唐代的举子要想进士及第，就挑选自己平时做得比较好的文章，写成卷轴找到贤达高官或者文化名流，像韩愈、白居易这些人，让他们发表议论。他们的言语，可以给这些举子很好的时名。

到了唐宪宗的时候，选婿的标准又有很大的变化，词学门阀成了选婿的标准。宪宗朝有个太师叫李光颜，李光颜是什么人物呢？他是宪宗平叛时特别得力的将领。他平叛了西川刘辟的反叛和淮西吴元济的叛乱，是当时著名的将领。他准备嫁爱女的时候，幕僚为他选了个佳婿，大家都盛誉郑秀才是词学门阀，学问非常好，出身也特别好，人也是风流异常，要选婿非他莫属。结果李光颜没有选，反而选了一个健儿嫁之。

陈寅恪有个著名的言论，在开元天宝以后，中国出将入相的这种模式就发生了很大的变化，出将入相已经成为过去时，宰相的选拔就变成了以文取士，看的是科名。从这种意义上来讲，如果李光颜把女儿嫁给健儿，意味着他的女婿将来前途就比较渺茫。《唐国史补》对李光颜嫁女一事也有记载，为什么要记载这件事呢？最主要的原因，大概是李光颜的选婿标准跟时代，或者说跟整个社会的价值相左，反差太大了，所以史书特别把它记载了。

节度使和地方要员在选婿观念上，比较注重科名和门阀的结合。贵为天子的皇帝，他们是不是不受这种观念影响？文宗想嫁真源和临真公主的时候，特别下诏到宗正卿，要求宗正卿在子弟中尚公主。尚公主的时候，他还感叹了一句，我想这句话大家都非常熟悉，说："民间修昏姻，不计官品，而上阀阅。我家二百年天子，顾不及崔、卢耶？"最后文宗皇帝选了两位，一个是杜中立，一个是卫洙。杜中立的父亲就是杜羔，进士及第，他可以说是以科第起家的新兴士族。卫洙本身就是进士及第。虽然文宗在口头上对世人婚姻重阀阅、轻官品的风气羡慕不已，但在尚公主的实际问题上更注重科名。这也应该是士人或者整个社会比较注重科名和门第的反映，我们就可以把它理解为这个时代选婿的标准正在向尚科名、计官品的方向发展。

无独有偶，皇帝中喜欢科名的不仅仅是文宗，还有宣宗。宣宗是特盛科名，他曾经在皇宫里的屏风上题"乡贡进士李道龙"。乡贡进士是什么样的？唐代参加科举考试分两个层次，一个是府试，一个是中央的省试，州县的府试荐送的进士就是乡贡进士。所以我们说宣宗比较谦虚，他没有说自己是新进士。宣宗有个特点，他特别喜欢科名，召见百官群臣的时候，喜欢问对方是哪一科及第的、同年都有谁，对方是第几名。他在尚公主的时候，也同样喜欢择进士嫁公主。宣宗非常钟爱万寿公主，万寿公主下嫁的时候，他命群臣给他物色人选，正好碰上宪宗朝的宰相郑絪的孙子郑颢。郑颢当时是"首科及第，声名籍甚"，名气非常大，但是这个人已经跟别人有婚约了，"待婚卢氏"。当时的宰相白敏中就把他推荐给了宣宗。普通老百姓都觉得皇帝的女儿不愁嫁，而宣宗也比较有趣，明知道郑颢已有婚约，还是拉下龙颜，抢别人家的女婿，做出与臣子争婚这样不光彩的事。郑颢不买白敏中的账，也因此对白敏中怀恨在心，史书记载用的是"衔之"二字。

宣宗喜欢进士及第的尚婚者不只这一例，在大中十一年（857），王徽进士及第，他当时已经四十多岁了。正好遇到宣宗下诏，"于进士中选子弟尚主"。进士中尚子弟，可以说宣宗强调的是进士，这个科名远远地超过了门第。有人就把王徽推荐给宣宗，王徽找了个借口，说自己年事已大，四十多岁了。再有，自己淡泊名利，不想进取。所以这个人竟然拿钱贿赂宰相刘瑑，因此避免了被天子胥婚的命运。

实际上，无论是节度使、宰相或者是皇帝，选婿重进士实质就是选婿重科名的反映。我们举一个例子，中唐时期，福建著名文学家欧阳詹在考进士屡举不中的过程中写了一首诗，诗里就说进士出身"其为闺门重，则为朝廷尚"。大家感觉朝廷选官是参照了民间选婿的标准，我想这个事情本质上应该是说朝廷选官崇重进士。进士在选官中得到重用以后前途无量，可能受到社会的青睐，这才是民间选婿重进士真正的原因。

晚唐的时候，科名和门第就成了官员选举倾向的重要标准，或者说是品评人物的一个重要标准。郑仁表在咸通中进士及第，他是前朝宰相郑肃的孙子，出身荥阳郑氏，门第可以说很高了。这个人文章写得非常好，也很会吹牛，说"文章世上争开路，阀阅山东拄破天"，他的门第高到把天都拄破了。《旧唐书》中说他经常自诩门第、人物、文章俊美。他确实可以这么说，唐朝每年进士及第顶多二十五个人左右，当时唐朝的人口在六千万人左右，大家可以想想进士及第的含金量跟我们现在的院士应该差不多了。

我们再看一下民间选婿，更有甚者竟然以诗赋作为选婿的标准，用诗赋来定胜负。《金华子杂编》里面记载了这样一个故事，杭州有个进士叫李郢，这个人诗调美丽。他听说邻家有个女子，长得非常漂亮。他就跑去提亲，找到媒婆，结果正好碰上一个人跟他竞争。女方就说谁要"备一千缗，先到即许之"。结果没想到对方也很有实力，同时把一千缗的彩礼就送到了。在这种情况下，女方就说"请各赋一篇，以定胜负"。李郢是新进士，名气很大，这方面很擅长，所以他就以诗赋讨到了女子的欢心。这反映了中晚唐世人婚聘重五姓女的观念已经被打破，科名逐渐成为社会婚聘的首选，这在中古社会婚姻观念转变上具有重要的意义，反映了婚姻观念取舍标准逐渐从重门第向重科名的方向转变，门第的观念逐渐淡薄。

到了五代时期，婚姻观念更是发生了巨大的变化。世人"取士不问家世，婚姻不问阀阅"，大大动摇了中晚唐世人仕宦、婚姻时以门第和科名判定人物的标准，无疑对魏晋以来已经衰落的士族是一个沉重打击，以科第择婿的风气到了五代宋初就发展到了榜下择婿。宋人择婿的标准更是选择科举出身，延续五代"取士不问家世，婚姻不问阀阅"的风气。可以说到了宋代，婚姻观念发生了重大的变化，门第完败给了科名。宋人赵彦卫在评论唐宋婚姻观念时，说过这样一段话："唐人推崔、卢等姓为甲族，虽子孙贫贱，皆家世所重。今人不复以氏族为事，王公之女，苟贫乏，有盛年而不能嫁者；闾阎富室，便可以婚侯门，壻甲科。"这一评论清楚地概述了唐人婚聘重甲族，宋代婚姻更加注重势门与科名的这种发展过程，科举出身已经逐渐成了宋人婚聘的首选。这种婚姻观念上的巨大差异，正反映了科举制度对唐末五代宋初婚姻观念的影响。在宋人赵彦卫看来，"壻甲科"可以说是社会上最为崇重的对象，它甚至超过了豪门。

二、科举影响下的裔婿文化

唐五代科举对婚姻观念最直接的影响，应该就是选婿观念从重视门第到科名与门第渐趋并重，乃至出现了科名比门第更重的这种现象。如果我们按照举人及第的顺序，可以把它分为两个层次，一个是榜前择婿，一个是榜下捉婿。榜前择婿，世人选婿还有选择的余地。榜下捉婿，为什么用"捉"呢？就是说进士及第以后身价百倍，再想去选婿就很难了，用"捉"，或者用"裔"，意思是需要用点手段。

首先，我们看一下榜前择婿的情况。榜前择婿就是指世人在择婿的时候，选择那些还没有及第的举子为婿。在中晚唐世人嫁女喜择科名的社会风气的影响下，往往是女方在判断某举子将来在登科势在必得的前提下，抢先与举子或订立婚约，或结为夫妻，以期裔个佳婿。这样的事例很多，我们举一个例子。唐玄宗时，进士吕諲"少孤贫，不自业"，这个人可能穷困潦倒了，生活都有问题了。乡里有个姓程的财主比较有钱，就资助他读书，并把女儿嫁给他。结果吕諲后来进士及第，《新唐书》也有记载，可以说非常成功，名流后世。

我们再举一个例子，看榜前订婚、榜下完婚的这种情况。李翱是中晚唐时期著名的文学家，也是古文运动主要的代表人物之一。他在当山南东道节度使的时候，当时的进士卢储向他加了一个行卷。他的女儿看到卢储的行卷以后，觉得文采特别好，就在这个行卷上批了一句话，"此人必为状头"。李翱觉得女儿说了这句话，卢储肯定不错，就跟卢储订立了婚约，把女儿许配给了他。结果第二年果然进士及第，卢储就写了个《催妆诗》。古人用诗来催新娘子赶快下来。"昔年将去玉京游，第一仙人许状头。今日幸为秦晋会，早教鸾凤下妆楼。"这首诗写得非常漂亮。

再看一下榜前完婚、婚后登第的情况。晚唐宰相萧遘把爱女许配给了进士裴筠，言定未几，裴筠便进士及第了，可以说这个宰相很会看人。晚唐有个著名的诗人罗隐，考了一辈子也没有进士及第，心理上难免有酸酸的感觉，写了一首诗笑话萧遘父女，说："细看月轮还有意，信知青桂近嫦娥。"有点讽刺挖苦的味道。看来这个时代人们的选婿，不讲究爱情，只要名气足够大，只要能选得进士，就是选婿的最高标准了。

我们再看一些例子，在晚唐广明前后，有个进士叫李仁表，他寓居许州，将入贡院。当时节度使薛能看上了他，把他作为乡贡推荐到省市参加科举考试。在此之前"薛大加礼待。居数日，以其子妻之"，把女儿嫁给了他。果然，李仁表也进士及第了。五代南唐钟辐"恃少年有文，气豪体傲"。当时也有个南唐的落第进士叫樊若水，这个人非常有才，但是在南唐乱世中，他屡举不第。樊若水因爱钟辐之才，把女儿嫁给了他。结果言定未几，钟辐也进士及第。樊若水这个人在晚唐五代是非常有影响的人物，是给宋太祖出谋划策、平定南唐的关键人物。

我们说唐代的进士是一品白衫，地位非常高，一旦进士及第，就是未来的卿相。即便是当不了高官，也是终生为任。所以，即便是榜前择婿，也不是说普通人家，或者是想择个婿就能择到的。所以，榜前择婿还得使用一点手段，或用权力威逼，或用金钱诱惑等等。唐末五代进士高越"文价蔼然，器宇森挺，时人无出其右者",可以说是江南最有才的才子。当道的节度使李公贤之,给他好吃好住的,想把爱女嫁之。结果这件事被高越觉察出来了,大概他是没看上李家的女儿,所以在房屋里就题了一首绝句《鹰》,偷偷地跑了。这首诗的内容我没有查到,比较遗憾。从这里我们可以看出,世人择婿比较注重进士的观念以及进士比较傲慢的态度。

再看权力的诱惑。牛僧孺是晚唐牛李党争中的党魁,可以说势力非常大。牛僧孺的传记里记载他有五个女儿,他生前有四个女儿出嫁了,三个女婿是进士及第。他死后还有个女儿没长大,没有出嫁,他的儿子牛蔚就看上了福建的进士邓敞。邓敞当时已经有了妻室,叫作李氏。牛蔚找到邓敞,说:"吾有女弟未出门,子能婚乎?当为君展力,宁靳一第乎?"意思就是说当了我妹夫,我帮你进士及第。牛蔚毕竟是前朝宰相的儿子,牛党曾在中晚唐科场上有很大的实力,像杨虞卿等人长期为官把持着科举,当了科场主司,制造社会的舆论,很容易让他进士及第。更可笑的是,邓敞进士及第以后,如约就娶了牛僧孺的女儿。娶了以后,他没有把已跟李氏结婚的这件事告诉牛氏,不敢把牛氏带回家,让牛氏先等一等,自己回去了。第二天还不见夫君回来,宰相的女儿比较霸气,她就直接跑到邓敞的家里。到邓敞的家里一看,出来一个女的又哭又闹,她一看就什么都明白了。毕竟是出身高门、大家闺秀、明于事理,但是让人想不通的是她还是接受了,并劝李氏接纳她。史书《玉泉子》里面记载牛氏的品行很高,对这个姐姐非常好。

还有重金鬻婿、花钱鬻进士的现象。李敏求在文宗朝的时候就开始考科举,考了十几年都没有进士及第。之前伊氏兄弟看上了他,想跟他结为姻亲,他却不理。后来贫困潦倒的时候,没有办法了,以钱二百四十贯的身价,就被伊慎诸子鬻为妹婿。伊慎是个很典型的例子,他嫁女儿的时候喜欢选择甲族。到了他儿子求妹婿的时候,变成重科名。我们可以从这一家两代人的身上看到婚姻观念已经发生了非常大的变化。

到了宋代的时候,榜前择婿的这种现象更为常见,甚至有人出点子支招,怎么花钱又少,又能鬻个有科名的进士。"但取寒士,度其后必贵",看到这个人肯定有学识,进而又能落个"方(芳)名为知人"的美名。

第二，我们看一下榜下捉婿风气的形成。中晚唐进士及第后，要参加各种各样的宴集活动。这种宴集活动一般集中在门绅之间，参与人员社会地位很高，宴集名声特别大，以曲江的宴集最为有名。曲江宴为什么最为有名呢？当时进士们唱主角，有时候甚至皇帝都会去观看。长安城的公卿百官都来参观，参观有个重要的目的，就是公卿百家纵观于此，有些人就想选个女婿。《唐摭言》里面说"有若中东床之选者，十八九"，这些人"钿车珠鞍，栉比而至"，达官贵人、高官们来观看的时候，个个进行了修饰，开着豪车来炫耀，体现身份。虽然说选婿十之八九是有点吹嘘了，但是榜下选婿的这种风气在当时应该非常兴盛。

这样的事例也很多，比如说建中四年（783），有个进士叫郑高，进士及第，当时可以说是"士林指目"。"来抵门闾，以嘉姻为请"，好多人都抱着选婿的目的来了。"佥谓得选，是克配焉"，只要你选我，我立马就把女儿送过来。这种心态显示出了急不可耐。墓志里面赞美吹嘘郑高的名气很大，才学影响也很大，但也正好可以说明榜下捉婿的问题。

韩愈是唐朝的大文豪，栽培、荐举了很多进士。经过他指导及第的这些人，或者跟他学习过的人，叫作"韩门弟子"，在唐朝非常有名。地位这么高的一个人，嫁女儿的时候也还是非常注重科名。他的女婿叫周况，他的侄孙女也嫁给了他的学生李干，这两个人都是进士及第。

我们再看一下皇帝、宰相的择婿情况。独孤郁于贞元中进士及第，他是独孤及的儿子，独孤及是中晚唐非常有文才的一个人，也是古文运动重要的人物之一。独孤郁进士及第以后，就被当时的中书舍人权德舆纳为快婿。宪宗听说此事以后，对权德舆羡慕不已，说自己的女婿不如德舆女婿。皇帝竟然对品位不高的中书舍人，也就是五品的一个官，相当于中层干部羡慕有加。我们再来看宰相，牛僧孺我们前面说了，墓志里记载他有五个女儿。他生前有三个女儿嫁给进士及第，"长女嫁苗愔进士及第，次女嫁张洙，次女嫁张希复进士及第，次女嫁前进士邓叔，次女未笄"。他的儿子牛蔚给自己最小的妹妹又定了邓敞，也是进士及第。从这一点来看，有权有势的人在选女婿时，利用职务和影响尽可能给女儿选所谓的佳婿。

我们再看白敏中。白敏中虽然是牛党，但地位不及牛僧孺，所以他选婿的时候比较费事，还闹了个笑话。他刚开始看上新进士侯温，他的夫人比较聪明，说夫君你不是姓白吗？你的姑爷姓侯，别人外面要是笑话你，给你起个外号叫"白猴"怎么办？他一听这也是，那就算了吧。但是白敏中还是不甘心，最后选了个新进士陈会。陈会是商贾之子，在唐代社会商人地位很低，士农工商，即便富商大贾很有钱，在当官的人看来很没地位。一个宰相，在社会比较崇重门第的情况下，他选一个地位较低的商人之子作为女婿，是什么原因？无疑是陈会的身上有个进士头衔，这个头衔战胜了门第。

前面看了选婿的情况，我们再看一下被选的新进进士的态度。何扶在大和九年（835）进士及第，第二年博学宏词科及第。博学宏词科属于吏部科目选最高的科目，考诗、赋、判各一首。唐代的科举考试大体上可以分为两类，一类是文举，一类是武举。文举里面大概又可以分为三类：常举，每年都举行的，比如进士科、明经科、秀才科、明法科、明算科、明书科等等。另外一个就是制举，制举考试是皇帝下诏以待非常之才，也就是说皇帝什么时候高兴，就哪年开科，下个诏敕，明年要举行什么科目了。比如说贤良方正科、宏谋远略科、刺史科、县令科等等，有一百多个科目，很不固定，这是制举科目。第三，就是吏部举行的科目选。吏部的科目选是针对已经取得做官资格的人，这些人可能遇到瓶颈得不到升迁，这样的话可以考科目选，最高的科目就是博学宏词科。然后是书判拔萃科，书法写得好，判词又写得非常好，试判二道。之后就是平判入等科。一般唐朝的官员选拔三年一选，跟现在的差不多，我们老祖先创立的制度对现在都有影响。三年到了，可能之后几年还没有进步，那就考个平判入等科，试判一道，写得好，就可以优于处分。

所以何扶今年进士及第，明年博学宏词科及第，就是现在说的学霸了。他说"金榜题名墨上新"，墨都没干，"今年依旧去年春"，跟去年一样的风光，"花间每被红妆问"，大家都纷纷跑来提亲了，"何事重来只一人"，好事都落他身上了。即便唐代地位比较低的明经科，因为有"四十老明经，三十少进士"的说法，明经的地位比进士要低。在这种情况下，明经及第同样受到世人的吹捧。比如元稹明经及第,当时的仆射韦夏卿便与爱女嫁之,纳其为婿。不过韦夏卿确实能够识人,元稹文学水平非常高,有"元白"的说法,跟白居易齐名。他比白居易还厉害一点,后来做了宰相。

榜下择婿对于及第的进士而言,就是榜下娶妻,可以说把登科与婚姻直接地联系在一起。我们举个例子,晚唐有个进士叫陈峤,陈峤数举不第,孑然一身,至耳顺之年才获科名。在这种情况下,乡里可以说表现出了无限的关注,竟然"以儒家女妻之,至新婚近八十矣"。大家想想,这个人年轻的时候进士没及第孑然一身,没人去理会他,一旦进士及第,乡里以儒家女妻之。"儒家女"可能不仅长得漂亮,也非常有涵养,是教养非常优秀的女性。只有对进士怀着很高的崇敬之情,才会有这样的行为。

我们再看一下榜下成婚。"久旱逢甘露,他乡遇故知。洞房花烛夜,金榜挂名时。"这首诗是宋朝的集子《容斋随笔》里面的,它写的虽然未必就是宋朝的情况,但是至少可以说宋朝的时候已经是这样了。宋真宗劝小孩子要好好读书,说"娶妻莫恨无良媒,书中有女颜如玉",还有"书中自有黄金屋"等等。虽然有人批评说宋真宗好像格调有点低,作为皇帝,如果士人都为了黄金屋、为了娶个漂亮夫人这样的目的而读书的话,选拔出来的将来要作为栋梁之材的人物,都以个人为利的话,是不是对国家不太好。但是我觉得这个不妨碍我们讨论科举对婚姻的影响。

唐末五代榜下择婿即"脔婿"的风气,发展到宋初就更为常见。宋代有钱有势的家族择婿更注重科第,特别是进士科出身在社会上受到青睐。至北宋中期进士出身,有了卖婚明码标价,史书上记载是卖婚日盛,以致进士出身"娶妻论财,全乖礼义","玷辱恩命,亏损名节,莫甚于此"。这些新近的及第人士掌握了主动权,以前都要看门第,现在进士出身,大家谁掏钱多,谁的财力厚,我就娶谁。这个风气真是不得了。这充分说明科举制度对中晚唐五代宋初婚姻观念影响之深远,从而加速了士族的灭亡。我们说士族一个重要的特性是有一定的封闭性,五姓婚姻圈,只有高门士族相与为婚,士族的圈子不至于无限地扩大,才能保持他的特权。到这个时候大家可以看一看,人家取士的时候不再讲究门第，士族必然就会破灭。

综上所述，唐前期由于科举制度处在发展和完善的阶段，科举对社会的影响不是非常明显，科举自然对婚姻观念转变的影响也就不是很深刻。但到开元天宝以后，随着科举制度逐渐影响到整个社会的仕宦和社会阶层的升沉时，科名也就影响到了婚姻观念的转变。世人婚聘从唐前期崇尚门第，逐渐向中晚唐五代尚科名、门第的方向发展，再到宋代更是崇重科名。这一转变正反映了科举制度对社会变迁的深刻影响，也对唐代士族的衰亡起了促进作用。科举对婚姻的影响作为科举对社会影响最重要的一个方面，直观地反映了科举对社会变迁深远的影响。

三、科举影响婚姻观念变迁的原因

唐代婚姻观念转变的根本原因应该说是选官制度的变革。唐朝科举制度尚处在一个创始阶段，科举对选官制度的影响还很有限。随着唐高宗和武则天时期开始大力推崇进士科，科名在这个时候已经在社会上有一定的起色了，科举对婚姻的影响也就渐显出端倪。前面我们介绍了这个现象，现在主要说一下它的原因。

在唐高宗的时候，有个宰相叫薛元超，贵为宰相还觉得不满足，感觉人生有点小遗憾，说"不以进士擢第，不得娶五姓女，不得修国史为平生之三恨"。进士出身，在武则天这个时期逐渐与魏晋以来五姓女代表的门阀士族相提并论。在唐朝如果宰相能修国史的话，那就会比其他的宰相地位要高一点。

到开元天宝以后，随着科举考试逐渐成为入仕清流的主要途径，科举制度对士族官僚政治的冲击可以说是日渐明显，这种士庶的界限也就被打破了。中唐以降，安史之乱以后，进士科出身升迁尤为迅捷，世人"以进士登科为登龙门"。"释褐多拜清紧，十数年间拟迹庙堂"，"紧"是指唐朝京畿的紧县，"清"指的是低级官吏里面的比如说长安尉、蓝田尉，这些唐代的低级官吏属于清官，在升迁的时候就很容易获得，这叫作清县或者紧县。这些官"十数年间拟迹庙堂"，"庙堂"的意思就是当了卿相高官。进士及第十多年就可以做高官了，假如说一个人不要说二十岁及第,就是让他三十岁进士及第,四十岁就能做到部长、总理的级别,那可以想象进士及第真是前途无量。所以说进士出身者,即便什么官都没有,最低的"终身为闻人",但"位极人臣,常十有二三,登显列十有六七"。进士出身是当时社会的第一出身,他们是卿相的后备人选。

  我做过一个统计,晚唐五代宰相中进士所占的比例。在德宗到顺宗时期达到38%,不是很高。德顺时期主要是经历了安史之乱的平叛,大概这个过程慢慢重用的是功臣和大家士族的力量。到了宪宗跟宣宗,社会太平以后,进士及第在宰相中所占比例达到76%。到唐末懿宗和哀帝的时候,竟然达到89%,这还不算明经科、制举这些科目,如果加上这些科目,能达到90%。所以说唐朝的宰相含金量相当高,就是高学历。在五代的时候,社会比较动荡,朝代更迭非常快,一二十年就改朝换代了。即便是这样,宰相中进士的比例仍占到51%,所以说进士出身在仕宦中前程似锦,使得社会上对登进士科者尤为青睐。这种情况反映在婚姻观念上,人们选婿的时候自然就比较崇重新及第的进士。

  特别是在唐玄宗时代,玄宗比较崇重诗赋。唐玄宗以后,整个社会就形成了一种风气,"征文射策,以取禄位。五尺童子,耻不言墨",也就是说通过科举考试,通过真才实学取禄位成为这个社会的主流观念,整个社会是积极向上的,用现在的话说就是充满了社会正能量。这种风气也体现在教育孩子上,从敦煌的一些童蒙读物中来看,整个社会都在教育年轻人要积极向上。从这种价值观念上,我们可以反观科举对婚姻观念的影响。比如敦煌文书中的《鬍鶣书》有篇劝学歌词——《十二时·劝学》,里面有这样一句话:"人生在世须臾老,男儿不学读诗书,恰似园中肥地草。"我觉得这句话写得非常优美,肯定是乡间有文化的人写的。"恰似园中肥地草",我想有阅历的人、在农村生活过的人能理解。年轻人如果不好好读书,就是一地的杂草,非常惋惜怜悯。"丈夫学问随身宝,白玉黄金未是珍",给小孩子留些钱有什么用,让这个孩子学到本事、学到技能才是安身立命之本,写得非常好。《二十时·劝学》中有"读书便是仕(随)身宝,高官卿相在朝廷","高官卿相在朝廷",通过好好学习,通过科举才能够当高官。《二十时·求宦》中说

"官职比来从此出，文章争不尽心学……若能读得百家书，万劫千生名价在……春榜即写才文字，朝唐（堂）上下聘词章，万个之中无有二"，这都是劝学的诗词。"一朝肥马意（衣）轻裘，富贵荣华万物有"，这是说通过科举、通过诗赋、通过词章来改变身份，现在来讲就是知识改变命运。

这些通俗易懂的童蒙读物，集中体现了当时科举制度对社会深层的影响，"丈夫学问""读书"便是"随身宝"的这种观念已经根植到劳苦大众中，成为世人劝夫教子、专事举业的精神支柱。在中晚唐五代时期，朝廷通过科举考试以"写才文字""词章"为取士的原则下，"官职比来从此出"的观念已经在人们的心中根深蒂固，世人的这种婚聘观念可以说从文字、词章而来。若能以"学问""读书"而登科、入仕清流者，"一朝肥马意（衣）轻裘，富贵荣华万物有"，自然受到社会的青睐。当时不论士庶，只要通过勤奋地读书就可以通过科举考试，获取高官厚禄，这种观念已经深入人心。因此，反映在婚姻观念上，只要嫁给有科名的佳婿，那就意味着将来的高官厚禄，这是世人选婿重科名一个重要的因素。

随着科举制度的发展，科举出身者不断地提高社会地位，科举出身与门第逐渐等同。我们举个例子，在宪宗朝，有两个李益，这两个李益都出自姑臧李氏，也就是陇西李氏，在甘肃的武威。这两个李益辈分一大一小，怎么区别？"尚书为文章李益，庶子为门户李益"，一个是进士及第，叫"文章李益"；另一个为"门户李益"，寒舍门第。从史书记载来看，把文章放在前面，门第放在后面。

唐代世人选婿重进士还有一个重要的原因，就是进士及第后享有经济特权。经济特权体现在哪儿？宣宗时下诏只有进士及第可以称为衣冠户。衣冠户可以免赋税，不仅可以免自己的赋税，还可以免一个家族的赋税。可以想象，国家给了他非常大的优惠。

第二，我们看一下喜择科名的实质。唐代喜择科名的实质，本质上来讲还是尚官人。举个例子，韩愈在给王适写墓志铭的时候，提到了一个比较有趣的故事。有个老汉叫高老翁，他要嫁女儿的时候，说此女"必嫁官人，不宜与凡子"。结果王适也听到这个姑娘不仅长得好，而且非常贤惠，所以不想错失良机，于是就找了个媒婆谎称自己是"明经及第,且选即官人"。这个媒婆收了银子以后,教他袖筒装个文卷,假装像当官的文书一样。高老翁觉得这个姑爷地位很高,又是明经及第,不能冒犯。于是王适蒙混过关,把高老翁漂亮贤惠的女儿给骗来了。

我们再看小孩子,敦煌文书里的学郎诗里面有"可连(怜)学生郎",可爱的学生郎多么聪明,吹嘘"其(骑)马上天唐",前途无量,将来是骑马上天唐的料。说"谁家有好女,嫁以(与)学生郎",这是小孩子写出来的诗,写得很稚嫩。实际上,它的本质就是好女嫁官人。晚唐有个宇文氏,她的父亲每次在别人面前吹嘘"每贤之,为人曰:'是女当宜配科名人'",觉得自己的女儿很优秀,一定要嫁一个有科名的人。

相对于好女嫁官人、好女嫁有科名的人来讲,是不是不好的女生就没这个资格了?我们可以举个例子。中唐的时候有个王承升,说他的妹妹长得国色天香。唐德宗纳之,把她招入宫廷以后,这个女人不恋宫室,不喜欢皇帝,不喜欢宫廷的生活。结果德宗觉得这个女人面带穷相,就不喜欢她了,把她赶出了宫并叮嘱她的母亲和哥哥"不得嫁进士、朝官",认为她面带穷相会毁了进士的前程。这是一个例子,正好从反面证明进士理应配好女的社会心态。

唐宣宗喜纳进士尚公主,他特别喜欢永富公主,想给永富公主纳个快婿。当时新进士于琮是一位节度使的儿子,地位很高。皇帝想利用尚公主联姻来笼络节度使。永富公主脾气比较大,在饭桌上发脾气把筷子折断了,宣宗就觉得这个公主缺乏教养,认为此女不配进士,就换了一位公主,更尚为广德公主。一个公主配不上一个新进士,我们反过来看可以说整个社会对进士非常崇重。

世人婚聘重科名的观念在中晚唐已经融入了民间的雅俗文化,甚至渗透到婚礼的仪式中。敦煌文书 P.3350 号有个《下女夫词》:

女答:本是何方君子,何处英才?精神磊朗,因何到来?

儿答:本是长安君子,进士出身。选得刺史,故至高门。

女答：何方所管，谁人伴换？次第申陈，不须潦乱。

儿答：敦煌县摄，公子伴涉；三史明闲，九经为业。

中国的传统习俗中，男子在接亲的时候，一般由女方的弟弟之类的小孩子堵在门口不让男方进，要找点话题故意为难一下。男方一般给红包，就开门进去了。我们看古人是怎么玩这个游戏的。女方就问了："本是何方君子，何处英才？精神磊朗，因何到来？"这是问怎么来的。男方答："本是长安君子，进士出身。选得刺史，故至高门。"长安当然是指高门，又是进士出身，而且现在选得刺史，以此对答。那么女方又问了："何方所管，谁人伴换？次第申陈，不须潦乱。"你一同来的是谁，伴郎是谁，老老实实地交代，不许乱说，不许吹牛。男方说："敦煌县摄，公子伴涉；三史明闲，九经为业。"大家看伴郎不能超过新郎，当官也要低点，出身也要低点，特别是科名也要低点。唐代有三史科、明经科，九经为业，主要指的是明经科，明经考试以考九经为主。

从男女的对答可知，女方所期盼的如意郎君或以进士及第或是三史明经等等，无非就是取得科名，找个有科名的如意郎君。理想的官位就是刺史、县令，反映了当时的社会企羡嫁与科举出身之人，更希望他们的佳婿将来在官场上亨通。

在整个社会崇重科名的情况下，是不是更多的女性难以选得有科名的佳婿？如果女性想要个有科名的佳婿，通过自己的努力要怎么办？相夫教子是古代贤惠妻子的标准。我们看一下中国科举时代哪些女性通过相夫教子，给自己培养了一个有科名的佳婿或儿子。贞元初，杜羔刚开始参加科举考试的时候也不是很用心，屡举屡败，但是他的妻子学问非常了得，而且很有智慧。杜羔落第后，在回来的路上，妻子打发了一个人给他送了一首小诗。这首诗说："良人的的有奇才，何事年年被放回。如今妾已羞君面，君到来时近夜来。"我觉得这首诗还是写得柔情似雨、情意绵绵，对夫君也是无限的尊敬，但是说君年年被放回,你不害羞我都害羞了。杜羔毕竟是士族子弟,还是非常要面子的,他就立刻连家也不回了,重新发奋学习,终于在贞元五年(789)进士及第。

再举个例子,江西人彭伉也是在贞元中进士及第以后宴请四方的宾客,同时也请了他的连襟,叫湛贲。湛贲大概是屡举不第,被家人看不起,就被安排在一个角落里,他吃着喝着非常高兴。结果他的夫人彭氏不高兴了,觉得很没面子,于是非常愤怒地对他说:"男子不能自励,窘辱如此,复何为容!"一句话把他说得羞愧无比,从此湛贲也是发奋读书,很快进士及第。这两个相夫教子的成功事例被记入了史书,这两位女性也成为中国后世相夫教子的楷模。

总之,唐五代世人婚姻观念变迁的根本原因还是科举制度对选官制度的深刻影响,当科举出身成为世人选官的第一原则时,科举出身也必然会成为世人选婿的首选。在中晚唐选官以门第、科名并重的情况下,婚姻选婿自然以科名和门第并重。当宋代以科举制度为基础的文官制度确立以后,反映在社会变革方面最显著的一个变化就是婚姻以官位的高低,以及科名的高低来选择,门第因素就逐渐成为次要因素。

从唐前期世人婚聘重甲族,到晚唐五代重门第与科名,再到宋代重科名与官位,反映了科举制度对社会变迁的深刻影响。科举对婚姻的影响作为科举对社会影响的一个重要的层面,最能客观地反映出这种变化。

毛佩琦

明代科举制度

毛佩琦，中国人民大学历史系教授、博士生导师，北京大学明清研究中心、故宫博物院研究员，中国明史学会常务副会长，中华炎黄文化研究会科举文化研究分会主席团主席，中国文物保护基金会历史文化专家委员会主任。中央电视台科教频道《百家讲坛》明史专题主讲学者。长期从事中国古代史明史、文化史、社会生活史研究，著有《明成祖史论》《永乐皇帝大传》《郑成功评传——逆子忠臣》《平民皇帝朱元璋二十讲》，主编《百卷本中国全史·明史十卷》《中国大通史·明代卷》《中国社会通史·明代卷》《中国文化发展史·明清卷》等，共同主编《中国科举制度通史》，还有散文集《无心剩稿》《读史杂说》等。

各位朋友，今天我们讨论关于明代科举问题。中国人都知道科举，俗语说"行行出状元"，"状元"是什么？科举里进士殿试的第一名就是状元。但是科举长期以来被批判、被抛弃，或者说被误读、误解。实际上科举是中国历史文化当中的一件珍宝。科举在中国古代延续了一千多年，中华文明的辉煌跟科举分不开，可是长期以来我们把科举抛弃了，在不断地西化。我们对传统文化需要仰视，当然也需要有批判，对于不同的文化要学习，要包容。在学习了当代西方科学体系的文化之后，中国现在走上伟大的复兴之路，但是中国传统中一些好的东西，已经离我们远去了。最近中国人得了一个诺贝尔奖——屠呦呦获得了诺贝尔奖，很多人因此想起了中医。民国政府曾经下令废除中医，中医长时期内遭到鄙视。中医药中有不少好的东西，但我们不能说这是中医药得了诺贝尔奖。屠呦呦实际上是用西方的科学方法在中草药中提炼出了一种有效的成分，叫青蒿素，青蒿素可以治疟疾。屠呦呦最初的思想火花，最初的研究是从中医药文献中得到的启发。中医药里有很多我们发现的真理是可以和现代科学技术接轨的，但在批判传统文化的过程当中被我们抛弃掉了。从中医药的遭遇上，我们可以得到教训，对于传统文化不能采取盲目的、一概否定的态度，应该采取理智的、有分析有区别的、有批判有继承的态度，把好的东西保留下来。

　　中华民族伟大复兴提出了一个很重要的问题，就是优秀的传统文化怎么继承？大家还在探索。我们一直说中国特色，中国特色是什么？中国特色实际上就是中国文化的特色，根本上是中国人的思维方式、中国人的行为方式、中国人的政治经验、中国人的历史。所以，继承和弘扬中华优秀传统文化，保留我们传统当中最优秀的东西，是中华民族伟大复兴不可或缺的。长期以来，我们对于中国的科举制度采取"一棍子打死，全面否定"的态度。科举在中国文化当中所占的分量极重，它是中国一千多年来中华制度体系中的一个重要部分。

我的专业是明代史,所以我从明代的科举讲起。明朝的建立取代了元朝,元朝是以蒙古贵族为主体的一个朝代,他们作为统治者,把全国分为四等人:蒙古人、色目人、汉人、南人。色目人是什么?色目是形形色色、各色各目的意思。蒙古人进来以后,也带来了各色各目的人,西域人、中亚人、东欧人都来了,阿拉伯这一带的人也过来了,他们总体上都叫色目人,色目人位列第二等。第三等人是汉人,也就是在元朝建立以前,曾经跟南宋对峙的辽人,以契丹贵族为主的统治者;金人,以女真贵族为主的统治者,在他们建立朝代的地方所居住生活的人叫作汉人。汉人是个大概念,居住在中国北方的那些汉人,在辽金统治下的那些汉人,都叫汉人。江南地区,南宋统治下的那些汉人叫作南人。这样一个元朝,它对中国传统文化和以前的朝代有一个不同,怎么不同呢?因为它的统治者主要是蒙古贵族,缺乏儒家的传统,虽然在建国之初也有很多知识分子,包括许衡、刘秉忠等人给朝廷提供建议,学习汉文化,开设科举,但是对于儒家,包括对于科举制度都和宋朝以前不一样。

以科举而言,元朝也分民族考试录取。汉人考试难,录取的名额少。蒙古人录取的多,考试也简单。但是元朝社会也在逐步地汉化,儒家的地位不断地在提高。元朝创造了非常优秀的文化。元朝末年有一个著名的人物,他跟明朝开国有关系,叫刘伯温。刘伯温就是通过参加科举考试进入了元朝的官僚阶层,所以,元朝虽然是一个以蒙古贵族为主体的皇朝,但是它在向中华儒家文化皈依,继承和发展了传统的政治制度和科举制度。

明朝建立以后是一个什么状况呢?明朝创建时期提出过一个口号,叫作"驱逐胡虏,恢复中华"。后来,孙中山先生引用了这个话。孙中山先生搞国民革命,提出"驱除鞑虏,恢复中华",那是借用朱元璋的口号。朱元璋提出"驱逐胡虏,恢复中华",就是要推翻以蒙古贵族为主体的统治,因为这个统治对各个民族采取了不平等的政策。汉人、南人得不到平等对待,所以要"驱逐胡虏,恢复中华",这是第一个意义。"驱逐胡虏,恢复中华"其实还有一个恢复中华文化的意义,恢复中华文化的正统。蒙古族不像汉朝、唐朝、宋朝那样拥有所谓文化正统,所以朱元璋提出了驱逐胡虏,要去除胡风,改造风俗。明朝初年规定：蒙古人、色目人，不得自相婚姻。在元代，因为蒙古人和色目人地位很高，所以很多汉人、南人，把自己的姓氏给改了，有了蒙古名，效仿蒙古习俗。比如：元朝地方军阀王保保父子，改名察罕帖木儿、扩廓帖木儿，他们都是汉人。百姓的生活中也融入了很多蒙古习俗，所以朱元璋要"驱逐胡虏，恢复中华"，想把蒙古族的习俗除掉，恢复到汉、唐、宋那样的局面。"驱逐胡虏，恢复中华"不仅仅为了民族革命，也有文化上的意义。但是，这能做到吗？可以推翻元朝的政权，可以赶走以蒙古贵族为主体的统治者，但是要彻底清除蒙古习俗是清除不了的。比如直到现在，北京人还喜欢吃涮羊肉，据说这是元代留下的蒙古习俗，已经在各民族中扎下了根。元朝的时候，虽然不能说是以儒家政治为主体，很多传统制度都有所改变，但它对中华民族的历史文化发展也有很多贡献。就拿科举来说，元朝做了一件大事，它提出考试要考儒家经典"四书五经"，但是对"四书五经"有很多不同的解释，哪家的解释是标准的？元朝规定以朱熹的章句注释为标准。这是科举史上的一件大事，影响深远，不仅为明朝继承，而且延续到清朝。

　　明朝的科举制度比前朝更为完善，但是明朝科举制的确立有一个过程，这要从朱元璋说起。朱元璋穷苦出身，没有念过书，他对于知识、对于科举采取什么态度，影响很大。虽然在起事之初，他身边就聚集了一些谋臣，比如陶安、朱升、宋濂、刘伯温都来追随他。但是他的辅佐之臣却不都是通过科举选拔的，刘伯温是进士，他是在元朝参加科考而中式的。朱元璋身边的大多数人都是通过实战实干，从实际当中涌现出的人才，可是朱元璋很重视科举。元至正二十四年（1364），朱元璋自立为吴王，这时他已经打下了金陵，把金陵改叫作应天府。他下诏要求广招人才，怎么广招人才呢？他说，"自古圣帝明王"，自古以来了不起的皇帝，"建邦设都，必得贤士大夫相与周旋"，一定有很多贤士大夫，品德高尚、有才能，"相与周旋"，跟他一起来应对处理各种事务。"以成至治"，这样才能治理好天下。如今"土宇日广"，现在我们的地盘越来越大，"文武并用"，我们既需要打仗的武人，也需要从事管理的文人。"卓荦奇伟之才"，一定有很多具有奇才的卓越的人，"世岂无之"，世上怎么能没有呢？这些人都在哪里呢？他们"或隐于山林，或藏于士伍",有的隐居在山野深林,闭门不出来,如同当年诸葛亮曾躬耕于陇亩。明朝刚建立的时候,很多有才能的人隐居而拒绝做官,有的混迹于普通的士兵行伍当中。"非在上者开导引拔之,则在下者无以自见。"如果我们在上位的、掌握权力的不能给他们开辟进身之道,不能把他们选拔出来,他们是没办法自我表现的。"自今有能上书陈言、敷宣治道、武略出众者,参军及都督府具以名闻。"现在请大家推荐人才,有谁能够上书讲述治国之道,有谁精通武略善于打仗,请参军和都督府开出名字来告诉我。"若其人虽不能文章,而识见可取,许诣阙面陈其事。"这样的人,如果不能写文章,但见识可取,允许他进宫来当面和我说。如果他武略出众,我们就让他有一个实际表现的机会。朱元璋让地方官把那些民间俊秀,25岁以上"资性明敏",有学识、有才干的都"辟赴中书,与年老者参用之"。不要看他们年轻,让他们都有一个发挥自己能力的机会和平台。朱元璋在建国的前四年,虽然没有开设科举,没有文举和武举,但是他已经提出来要让地方官来选拔有才能的人。

到吴元年、元至正二十七年(1367),朱元璋马上就要当皇帝了,他下令开科,设文武取士。他的诏令这样说:"上世帝王创业之际",前朝那些帝王创业的时候,"用武以安天下",靠军人打仗平定天下。"守成之时",天下平定以后,"讲武以威天下",这时候军队不用去打仗了,而是威镇天下。"至于经纶抚治,则在文臣,二者不可偏用也。"夺了天下以后,武臣还是国家政权的支柱,但是这个时候治理国家要靠文臣,我们不能偏用文臣,也不能偏用武臣。"上稽古制,设文武二科,以广求天下之贤。"我们考察一下,古代是怎么样选拔人才的,设文科、设武科,广泛地选拔贤才。"其应文举者,察之言行以观其德;考之经术以观其业;试之书算以观其能;策之经史、时务以观其政事。""应武举者,先之以谋略,次之以武艺",要看他的谋略和武艺,但是不论文武,"俱求实效,不尚虚文",不要看文章写得漂亮,而要看实在的,看实际效果。"然此二者,必三年有成。"我们也不能急于求成,事先一定要有所培养,有所选拔。"有司预为劝谕民间秀士及智勇之人,以时勉学。俟开举之岁,充贡京师。其科目等第,各出身有差。"大家做好准备,我们过两三年就要开始实行科举了。到了洪武三年(1370)五月,明朝正式开科取士。现在我们还可以看到当时翰林待制王祎给皇帝起草的一通开设科举的诏书。这个诏书说:"汉唐及宋,科举取士,各有定制。然但贵词章之学,而未求六艺之全。"意思是汉唐和宋都规定有科举考试的办法,但都考的是做文章、做诗词,没有考六艺。中国古代,孔夫子说的六艺是什么?"礼、乐、射、御、书、数",即礼制、音乐、射箭、驾车马、书写、数学。汉唐没有考各种实际的学问,考的都是文章。他又批评说:"至于前元,依古设科,待士甚优。"元朝选拔人才有它的问题,虽然也按照古制开设了科举,对科举出身的人给了很高的待遇。但是"权豪势要之官,每纳奔竞之人",有势力的,常常任用会走后门的、会送礼的、会拉关系的人。"辛勤岁月,辄窃仕禄",这些人费尽心思钻营走后门、拉关系,他们混得一官半职,窃取了国家的俸禄,而且"所得资品,或居举人之上",这些人虽然没有真才实学,但是因为他们会拉关系、走后门,得到的地位反而在科举考试录取的人之上。"其怀材抱德之贤,耻于并进,甘隐山林",造成有本事、有才能的人不愿意跟他们为伍,甘心在家里待着,不出来做官。"风俗之弊,一至于此",元朝的社会风俗坏到这种程度。他说:"今朕统一中国,外抚四夷,方与斯民共享升平之治。"我们大家都过上太平日子了。"所虑官非其人,有伤吾民",最担心的是我选拔的官员不称职,不称职的官员就会"伤吾民",给我们的老百姓造成祸害。"愿得贤能君子而用之",因此我要选拔好的人来做官。于是他宣布:"自洪武三年为始,特设科举,以起怀才抱德之士。"洪武三年开设科举,选拔有才能、有道德的人来当官。这些人一定要"经明行修,博古通今,文质得中,名实相称",既要通晓经典,也要品德优秀,既要有文采,又要有实际工作能力,这样的人既有好的名声,也有与之相称的本领。"其中选者,朕将亲策于廷,观其学识,品其高下,而任之以官。"被选中的人,我要在朝堂上亲自对他们进行策问。"果有才学出众者,待以显擢。"如果真好的话,将大大予以提拔。"使中外文武皆由科举而选,非科举者毋得与官。"从今以后,所有的官员都要经过科举考试选拔,不经过科举考取的就不能再当官了。"敢有游食奔竞之徒,坐以重罪",如果不念书,游走于权贵之门,专靠拉关系弄个一官半职的,则坐以重罪。"以称朕责实求贤之意",这样才可以和我"责实求贤"的方针相称。"呜呼！设科取士，必得于全才，任官唯贤，庶可成于治道。"设科取士，一定会得到全才，选拔贤能的人当官，国家才可能得到治理。这里有个新兴皇朝普遍遇到的问题：当开国的时候，主要靠军事力量来夺取天下，"马上得天下"；到治理天下的时候，不能只用军人。军人可以打仗，冲锋陷阵，但是让他管理水利、农业，不一定能管好，这个时候就需要靠专业人士了。

当时的大知识分子宋濂写过一篇《京畿乡闱纪录序》。他说"天下可以马上得，不可以马上治"，国家要实现从开国到治国的转变，从武臣开国到文臣治国的转变，实行科举是非常必要的。洪武三年，明朝举行了一次科考。这次科考各个省的举子来到京城参加会试，一共是189人，中式者120人，选拔的力度很大。各个省经过乡试，选拔出了举人，举人又到京城进行会试。当时的科举制度还不是很完善，考试的时间和内容还不确定，但朱元璋对它十分重视。我们知道明朝后来科举考试以文章为主，作八股文。而朱元璋当时考的是五项：骑、射、书、算、律，他很重视考察实际能力。朱元璋在上台不久就在儒士的怂恿之下对科举做了这次尝试，但是，他并不认为科举选拔的人就有实际能力。他自己成功的经验证明，在实践当中能够得到真才，不能仅看考试成绩，跟随他打仗的多数人没有经过科举考试。现在他希望通过科举考试，选拔有真才实学的人，帮助他建国治国。可是这次科考选拔出来的人，跟他的期望有一定的距离。明朝后期的嘉靖年间，有人回顾朱元璋当时科举考试遇到的问题，说"圣祖开科，诏务求博古通今之士"，皇帝想要选拔博古通今之士，而考试的内容很简单，"乃所试仅有判语及一二时务策"，仅一两条判语和时政问答，但就是这些，"生徒竟未识"，考生竟看不懂。当时的风气是"务尽掇述括帖"，都尽力照着现成的模范试卷回答问题，看起来成绩很好，实际上缺少真才实学，甚至连历朝纪年、皇帝姓名、陵名知道的都很少。朱元璋因此改了主意，在洪武六年（1373）该当下一科开考之前，就宣布停止了科举考试。朱元璋自己就是凭实干出来的，不是靠读书考试出来的。科举选拔出来的读书人，还需要在实践当中去磨炼。

朱元璋的一个诏书说到这件事，"朕设科举以求天下贤才"，

"务得明经修行,文质相称,以资任用",本来想选拔那些有用的人,"今有司所取,多后生少年",结果录取的大多是年轻人。"观其文辞,若可与有为,及试用之,能以所学措诸行事者甚寡",能够把所学的东西用到实践当中的非常少。"朕以实心求贤,而天下以虚文应朕,非朕求贤求实之意也",科举没有达到我选拔人才的本意。因此,他"别令有司察举贤才,必以德行为本,而文艺次之,庶几天下学者知所向方,而士习归于务本"。请各个地方官推荐有才能的人。中国古代在科举实行之前曾实行察举制、九品中正制,都是由地方官推荐的,一层一层往上推荐,最后推到中央来。实行科举制以后,荐举制就不起作用了。朱元璋发现了科举的问题后,又退回到荐举的道路上来,下令有司察举贤才,"必以德行为本,而文艺次之",不要给我只会做文章的,文艺是放在第二位,"庶几天下学者知所向方",天下学习读书的人都知道不是为了读书而读书,读书是为了做事,是为了培养实际能力,朝廷重视实际能力,读书人也就重视实际能力,这是对社会的引导,让"士习归于务本",让读书人都回到根本上,不要做表面文章。科举自此停了十一年。

没有科举,朱元璋就通过各地的官员进行征辟选拔。明朝建立之初,在选拔人才上带有很大的随意性,没有完整的制度。如果需要用人,只要皇帝看中就可以任用提拔,没有章法可言。荐举就是推荐,征辟就是皇帝直接下命令征用,这两种方式成为国家用人的主要渠道。但是,这样做的问题是国家开国,百废待兴,正是用人之际,需要人才,怎么来验证所选拔的人有没有实际本领?朱元璋时期发生过胡惟庸案。洪武十三年(1380),朱元璋发现丞相胡惟庸造反,于是下令把胡惟庸杀了。胡惟庸被杀以后,丞相也不再设置,中国历史从此以后没有丞相,后世所谓宰相、丞相都是习惯称呼,没有实际官职称谓。朱元璋废除丞相以后,也总得有人帮他做事,选拔什么样的人到他的身边,如何进行选拔,必须要做制度设计,于是朱元璋决定设立"四辅官"。在古代尧舜时期,尧、舜要咨于四岳,要各地重要的人物来给他出主意,以避免壅闭,政情通达。下面的意见可以听得到,上面的政令也可以传达下去。"四辅官"是春官、夏官、秋官、冬官,这些官并不是通过科举得来的,而是出自草野。他们在地方上有威望,经推荐到皇帝身边做四辅官。他们没有经过考试,也没有从事政务的经历,就直接被提拔到类似于宰相的职位。在任用中,朱元璋发现这些人并不中用,没有实际工作能力,于是还没等到秋官、冬官配齐,就决定不设四辅官了。不通过科举选拔,采用推荐和征召的办法选聘四辅官显然也行不通。

科举制度是历代选拔人才的重要制度,它是长期形成的、合理的、行之有效的制度。朱元璋想要抛弃它,探索另外一种选拔人才的办法,结果失败了。不得已,洪武十五年(1382)八月,朱元璋决定恢复科举,下令天下学校每三年举行一次,成为定制。科举在洪武十七年(1384)三月举行,礼部颁布了科举的程式,就是科举的制度和方法:每三年举行一次,于子午卯酉年进行乡试,以省为单位进行考试;于辰戌丑未年进行会试。各省乡试选拔出来举人,到京城参加会试。会试由礼部主办。乡试在该年八月举行,会试在第二年的二月举行。自此终洪武年间,每三年一举没有间断,明朝的科举制度就基本上确定了下来。

朱元璋在这个时候恢复科举,其实有两个原因,一个是前面说的,废除了科举,他发现用别的方法选拔不出来真的人才。还有一个原因是当时形势的变化。在此以前,明朝仍处于开国时期,各地还没有完全平静下来,洪武十五年以后,天下基本太平了。洪武四年(1371),汤和、廖永忠伐蜀,打四川,明升投降,四川平定了。洪武七年(1374),李文忠、蓝玉大败北元,明朝送还了滞留于京师的元朝皇太子买的里八剌。洪武八年(1375),北元最后一个悍将扩廓帖木儿又叫王保保去世了。洪武十年(1377),朱元璋命皇太子朱标参与政事,朱元璋开始了权力过渡,为他的下一代继续掌权做准备。洪武十三年,胡惟庸案爆发,中书省、丞相被废除,大都督府被分为五军都督府。洪武十四年(1381),傅友德、蓝玉、沐英征云南,元梁王自杀,云南被平定。这样,天下就基本安定了,大体完成了从开国走向和平治国的转变,也就是从武治转向文治。在此期间,明朝的各项制度都在陆续制定和颁行,这都为科举制度的再次实行创造了条件。选拔人才的制度,也需要规范化、正规化。

洪武二十九年(1396),是举行科举之年,著名文人方孝孺主持应天府即南京的乡试,他写了一篇文章记录这件事。方孝孺写道:"圣天子有天下,群士景从,海宇晏宁。"天子统有天下,群士追随他,实现了太平安宁。"然圣心犹以为未也",可是皇帝还觉得有不完满的地方,因此而"大设学以陶钧士类",大力设立学校,培养人才。"而收之以科举",通过科举把人才选拔出来。"为士者幸生乎今,其必识天命之当然,知其生之不偶然",用现在简单的话说,士人有幸赶上了好时候,这都是天命的眷顾,不是偶然得来的好机会,因此都要展示自己的才干。"效所知,竭所能,以抚安宗社黎民于无穷",用知识和能力去抚安国家和百姓,达于久远。洪武二十九年已经是朱元璋的晚年,明朝的科举制度到这个时候可以说是完善了、稳定了。

这里我们要说一说与科举密切相关的学校。《明史》的《选举志》说,"科举必由学校",意思是说明朝参加科举考试的人一定要通过学校来培养,这就把学校和科举纳入一体了。在宋朝以前,学校和科举是分开的,科举考试的人可以不通过学校,或者不通过学校也可以做官。那时,虽然科举考试是进入仕途的主要途径,但是做官还有其他途径。参加科举考试的人也不一定曾在学校读书,通过其他途径也可以读书考试。但是到了明朝,科举必由学校。科举必由学校的结果是什么?是明朝的学校大大发展,科举和学校成为一个互动关系,互相促进。我们说明朝的学校在中国有史以来最为完备,虽然后来清朝又有了发展,但在此之前明朝是最完备、最发达的时候。中央有国子学,北京在雍和宫旁边有国子监,是中央的学校。在南京也有一个国子监,称为南雍,因为明朝实行两京制度。国子监的长官叫祭酒,常常由礼部尚书兼任。北京东城区美术馆后面有一个胡同叫作府学胡同,这个府学是顺天府的学校。地方有府学,县里有县学,村社举办的叫社学,还有私塾,是家庭私人教书的地方。除此以外,还有民办的、以讲学为主的书院。明朝在北京有一个书院,叫作首善书院,在今天宣武门大教堂的位置,利玛窦利用明朝首善书院的地址建造了教堂。更重要的是,明朝在穷乡僻壤都设立了学校。我1980年到甘肃去,在武威看到了明朝建立的学校。在明朝时武威已经是很偏远的地区了,但那里也有县学。贵州的西南角,很偏远的安隆,如今那里也有明代留下的孔庙、县学,规模很大。不仅如此,在少数民族地区,在土司所管辖的地方,在军队卫所也都建立了学校,明朝的学校是有史以来最完备的。所以说，"科举必由学校"推动了学校的建设，也培养了全民重视读书的观念。

朱元璋重视学校还有一些个人原因。他曾经是很穷的人，在基层见过官员横行霸道，任何小官都可以欺负他。他说，"余昔尝在草野"，我曾经是个草民，"时见州县官吏，终日饮酒废事"，经常看到官员一天到晚喝酒不干事。"心实怒之"，我心里真的生气，但对他们毫无办法。朱元璋做了皇帝以后，不相信地方官员，他深知基层官员弊病，常常滥用职权欺负穷人。但是他相信在校的学生，认为学生单纯，没有在社会上混过，所以朱元璋经常发动学生来帮他办事。比如，派学生去下乡丈量土地，命学生到乡村宣讲《大明律》。他要求全国的学生都学习《大诰》，这是教育官员警戒腐败的读本，学生读得好，讲得好，就给奖励。朱元璋相信学生，不相信地方官员，这也是他重视学校的一个重要原因。在最初科举还没有正常举行的时候，他就直接任命一些学生为官了。明朝的学校是中国学校发展的一个重要阶段。

朱元璋在洪武三十一年（1398）去世，接替他的是皇太孙朱允炆。虽然朱元璋在晚年正式确立了科举制，但仅仅是从开国向治国的转变，真正完成转变任务要落实在子孙后辈身上了。不幸的是，朱元璋立的太子早死，皇太孙继承了皇位，这就是建文帝，他要完成这个转变的任务。朱允炆上台以后全面推行文治，武臣的地位相对降低，一些武人因此对他不满意。开科取士是全面推行文治的必要之举，建文时期科举成为一种定制，坚持了下去。方孝孺在《京闱小录后序》中写道："皇帝既即位，大诏纪今年元为建文"，现在改元了，今年的年号叫作建文。"春三月上丁车驾幸太学"，三月的一天，皇帝视察国家大学。"亲祀先师孔子，拜跽盥献，咸用享庙社礼"，按照正式礼节去给孔子行礼。"缙绅聚观，以为崇文祗圣之典，古所未有。"皇帝对于孔子太尊崇了，对于文化太尊重了，这是亘古以来没有过的事。皇帝去祭奠孔子，"风行万方，小大喜悦，皆思自奋以进庸于世"，都想自己能够在这个世界上有所表现，让自己成为有用之才。"秋八月，天下当大比，太学暨畿内士集于京府者千五百人"，这年正是科举会试之年，1500人来京参加考试，"屏芜黜陋"，把那些不合格的、表现不好的加以淘汰。"选擢俊良",选拔优秀的。"盖去者几十之八",差不多十分之八都被淘汰了,"而登名于籍者二百十四人"。"非难之也",不是故意难为这些读书人,"盖以上初取士,天下后世将以是观盛美焉,而不敢弗慎也",这是天下百姓全都看着的事,我们不是故意难为这些士子,我们取士很严,要给后世留下一个榜样,选取人才要慎重。随着明朝的政权从武治转向文治,科举制度也得到了确立。

　　建文帝当了四年的皇帝,最后被他的叔叔燕王朱棣推翻了。这里有个背景,首先,建文帝想要文治天下,这就改变了朱元璋以武治天下的局面,文臣就提高了地位,不再是那些开国将军、元帅掌握朝廷。第二,建文帝想掌权,各位亲王叔叔们又有经验又能打仗,都是他的威胁,所以他上台以后要削藩。这里就造成了两个对立面,一个对立面就是压低武臣的地位,武臣反对他,文臣支持他。"不及期年,五王尽废。"刚一上台就废了五个亲王,最后又拿朱棣开刀,这样又造成一个对立面,亲王反对他。反对派的力量是众亲王和武臣,他们联手和建文帝相对抗。想要开创文治的建文帝,依靠的是文臣集团,朱棣提出要恢复祖宗之旧制不能变,依靠的是武臣和亲王集团。燕王朱棣以"清君侧,靖内难"的名义起兵造反,因此称为"靖难之役"。"靖难之役"是亲王、武臣结合的复旧集团和皇帝、文臣结合主张变革的文治集团互相争斗的一场战争,结果建文帝败了。建文帝的失败,使得文治这件事,从马上得天下到马下治天下的转变延后了。朱棣夺位,身边又是一大批南征北战的将军,所以他在用人上又重复了明朝初年的路,许多人不经科举而进入了他的官僚队伍。但是朱棣坐了天下,毕竟已经天下太平,整个国家仍然面临向文治转变的局面,治国还是要走文治的路。朱棣不得不再次肯定科举的作用,再一次确定了科举的地位,特别是他的子孙明仁宗、明宣宗以后,科举制度就确立不变了。这以后一直到了清朝,几百年间中国的科举就没有再发生大的变化,这就是明朝科举的一个大概情况。

　　中国的科举在近代中国走向衰落以后,在进行传统文化反思的时候被废弃了。人们痛恨八股文,认为它无助于实用,认为科举妨碍了中国的进步。现在我们回过头来看对于科举的批评,有对的地方,也有值得反省的地方,我们应该更加理性地评价科举。其实,全世界的各种书面考试都来自中国。孙中山曾经说英国是文官考试制度最为完善的,但是究其根源,英国的考试是跟中国学的。中国的科举考试制度之所以优越,就在于它的平等竞争。欧洲中世纪的黑暗是贵族的统治和教会的统治,他们要让贵族和有背景的人垄断权利。中国有一句话叫:"朝为田舍郎,暮登天子堂。"种地放牛的田舍郎,只要读书好,就能中举,就可以登天子堂,改变命运。中国的社会阶层不是固化的,是可以流动的,这是科举制度对中国社会的积极的影响。明朝末年,当耶稣会士意大利人利玛窦来到中国的时候,他写了一段话,意思是:在中国,当官的人不是从有什么家庭背景的人中选拔出来的,而是在经过层层选拔的博士当中任命的。他称赞这是一种优秀的制度。那么,科举制度的问题究竟出在哪儿?出在八股文吗?也不是,八股文是文章的一种写作方式,是对长期以来文章写作规律进行总结而形成的一种文体。明朝科举考试规定要按标准程式答卷,因此答卷又叫程文。文章写作分成十个段落,中间有四个股,每股又分成两股,叫八股,开头怎么写,中间怎么写,怎么样进入主题,怎么样展开,包括破题、承题、起讲、入题、起股、中股、后股、束股八部分,按照这个方法就可以规规矩矩写出一篇文章来。政府工作,官员需要循规蹈矩,官式文章不同于文艺创作。八股文是规范思维方式和行为方式的一种训练,如果写文章能够按程式、守规矩,做事也就会守本分、循规矩。八股文也因此而呆板僵化,不可能有什么创造性。当然,从技术层面上说,八股文也便于考试操作。八股文虽然有它的弊病,但不是科举制度的病根。那么,科举制度的病根在哪里?一言以蔽之,在于所有参加考试的人终极目的都是做官,这是科举制度的病根。如果所有的人都去做官,那其他的学问和技能就会被荒废,不被重视,这是科举最大的问题。各个国家学习了科举考试的方法,但是他们的考试包括不同学科,有哲学、法律、数学、天文、水利、机械等等,都可以取得学位,都可以造福于社会。在中国,有了科举功名就去做官,读书人不具备其他技能,无法满足社会发展的各种需要,这是科举最大的问题。利玛窦当年也看到了这个问题:中国的科举只重视文艺,重视儒家的伦理道德,官员能管理人和社会,但是其他的学科都被耽误了,影响了国家发展。现在的考试虽然还使用了科举考试的方法，但是考试的目的已经变了，考试的内容也变了。

中国的科举制度，不仅仅是1300多年以来影响中国发展、创造辉煌文化的一个重要的机制，也深刻地影响了我们周边的国家。朝鲜、越南都曾长时期实行科举制度，而且朝鲜、越南都有学生来中国留学，有的参加中国的科举考试中式，还在中国做了官。日本短暂地实行过科举，但后来没有继续推行。科举制度曾经是辐射周围文化圈的一个优秀的机制，也是影响人类文明发展的一个机制。我们现在应该给科举制度一个更准确的评价，在今天的教育和人才选拔上，汲取其中优秀的部分，抛弃其中不合时代发展需要的东西。

今天跟大家讨论了明代科举的问题，这对我自己也是一个思路的整理，也借此机会向大家请教。我们中国传统文化中优秀的东西，应该通过多种途径让大家了解，要把好的文化不断地发扬出来，传承下去。

再次感谢大家在大雪的时候来听讲座！

李世愉

清代科举文化的特点

　　李世愉，中国社会科学院古代史研究所（原历史研究所）研究员、博士生导师，中华炎黄文化研究会科举文化研究分会主席团主席，《清史论丛》主编，《大辞海》中国古代史卷分科主编，国家社会科学基金重大招标项目《中国土司制度史料编纂整理与研究》首席专家。长期从事清史研究，重点是科举制度、土司制度。主要研究著作有：《清代科举制度考辩》《清代科举制度考辩（续）》《中国科举制度通史·清代卷》《中国科举生活漫话》《清代土司制度论考》《中国古代官制概论》等；发表论文百余篇。

第一次到国家图书馆来讲课，今天讲的题目是《清代科举文化的特点》。我曾对清代科举制度做过一个总结：清代科举制度集历代之大成，表现出制度的缜密与完善。同时，有清一代科举弊端之显著，科场案之频发，也是前所未有的。这正是清代科举的主要特征，也表现出了清代科举文化的特色。为什么这么讲？科举制度发展到清代已经走向了末路，但是从制度层面看，清代科举制度是最完善的，它是集历代之大成。也有人认为清代科举制度非常好，其实并不然，清代科举制度在推行过程中的问题又是最多的。

可能有人觉得这个特点有些矛盾，其实并不矛盾。任何一个制度的发展都会有其内在和外在的原因，这也是我们讲的矛盾论，包括内因和外因。外因有社会的原因，政治、经济、文化，包括帝王、大臣们的一些指导思想都会影响到科举制度的变化。另外一个变化的原因就是这个制度本身的内在因素，任何一个制度的发展都有其内在因素的推动。科举制度的内在因素就是公平与公正，它从创建那天起，打的旗号就是要公平公正地取士，只要做不到公平公正，制度就要修改。这是它的核心内容，也促使其在不断地修改、完善。而明代后期到清代，科举的问题是越来越多，所以就迫使它在条例上不断地修改、不断地完善。从条例上看，没有任何一个朝代的科举制度有清代那么完善，但是从另一个方面也反映了清代科举的问题也是非常多的。

我们不能否定清代的科举，也不能完全肯定，因为清代科举是在特定的情况下推行的。清初刚一入关，马上就下令明年开科，为什么？那个时候清朝主要目的是笼络汉族知识分子。这个目标是非常明确的，洪承畴等很多人都提出这方面的建议，所以很快开科取士。开科取士成功的标志就是康熙十八年（1679）诏开的博学鸿儒科，当时所谓天下的名儒硕士网罗殆尽，标志着清朝开科取士的成功。

在此之后，清代不断地完善科举制度，同时把它推向边疆少数民族地区，这是清代科举制度很成功的一个方面。实际上到明后期，人们对科举制度的批判已经很厉害了，但是到了清代，科举制度仍然有所发展，唱赞歌的也很多，很重要的一点就是清代在边疆地区推行科举制度。广西、云南、贵州、四川等这些边远省份、少数民族地区、土司地区，这些少数民族的人第一次接触科举，能够做官，仍然是非常赞赏、认同科举制度的。所以，清代的科举制度是在这种情况下发展的。从制度、条文上看，它是非常严密的，但是从内容上讲，它有很多的弊端。制度的完善就是在不断堵塞漏洞、不断维护科举制度公平公正声誉的情况下对条例进行的调整，所以我们说清代的科举制度从制度上讲它是最完善的，但是从执行方面来说，问题也是非常多的。

我今天所讲的问题，既有正面肯定清代科举制度、科举文化的，也有对它的一些批评，以及我们今天能够汲取的教训。清代科举制度离今天最近，它的影响是最深刻的。

一、追求取士的公平与公正

第一个问题是追求取士的公平与公正。通过清代的《科场条例》，我们可以看出所有条例的修订和完善都是围绕着一点，就是保证公平取士。具体内容很多，包括组织考试、考场之外的搜检等，清代搜检条例是非常严格的。比如"皮衣去面、毡衣去里"，穿的皮衣不管是羊皮、貂皮，都要把外边皮剥了，毡衣需要把里子去了。进场带的考篮要有孔，饽饽都得掰开，怕有夹带，非常严格。但实际上搜检又很松，清人笔记里讲了很多，往往搜役一喊"搜过"就过去了。但是也有搜得严的时候。乾隆九年（1744），下令全国都要严格搜检。考场外头门搜完了以后，如果二门再搜发现有夹带的，那要惩罚头门的那些搜役。那年是搜检最严的，而且当时有奖励，所有的搜役，搜出一个夹带者，赏银三两，所以搜役肯定认真，绝对不会再徇私舞弊了。那次顺天乡试搜出来的夹带非常多，而且很多人把卷子、夹带就扔在场外，结果弄得满地都是。从条例上来讲，规定是非常严密的。还有比如像在阅卷的标准、考卷的弥封等很多方面都是要保证公平取士。

我想讲两个问题,这两点应该说是清代的特色。一个叫作"搜落卷",一个叫作"发领落卷"。

搜落卷是在榜前,不管乡试还是会试,在公布录取人名单之前都要搜落卷,为什么叫"搜落卷"?当时阅卷是这样的:主考官、副主考开始并不阅卷,不管是各省的乡试还是京城的会试,是由若干个同考官先把卷子审阅好,阅好以后按照一定的比例,选取优者推荐给主考官录取。不管乡试会试都有录取名额,同考官推荐数量是实际录取的两倍到三倍。推荐的卷子上夹一个条,写上一个字,推荐的"荐",这叫"荐卷"。荐卷要有一个荐条,这些卷子推荐给主考官,主考官可以在这里面录取。

主考官在同考官推荐的卷子里选,按照定额来确定最终录取谁。没有推荐给主考官的这些卷子叫作"落卷",肯定是不录取了。搜落卷是指在正式公布之前要搜阅落卷,主考官对同考官没有推荐给主考官的卷子进行搜阅,主要是防止舞弊或者有疏漏,这就叫"搜落卷"。明代也有这样的举措,但没有形成制度。明代文献里有这样的记载,叫"搜遗卷"。偶尔某个主考官可能会搜,但是没有形成定制,清代形成了制度。

在清初的时候,推行一个制度叫作"公阅公荐"。因为当时应试的人很少,清朝入关的时候只有五个省开乡试,参加会试的人也很少。主考官、同考官都坐在一起阅卷,看哪个好就推荐哪个,这就无所谓搜遗了。到了顺治十四年(1657),改为分房阅卷,乡试有分十三房、十五房,各省根据人数不一样,如江浙都是十八房,会试也是分十八房。由同考官先阅卷,然后推荐给主考官,让主考官来最后确定录取哪些卷子。

分房阅卷并不是分不同的房,回到自己的房间里阅卷,而是同考官,也叫房官,按照规定仍然是当堂阅卷,大家都坐在堂里,有监视的人。只不过阅完自己那部分试卷,晚上休息时把卷子封好,回屋睡觉,并不是把卷子带到自己的房间去阅,这个大家要清楚。但是,这就叫分房阅卷。

分房阅卷以后就会出现一些问题,比如说同考官水平不高,他可能把好的卷子遗失了。还有一种就是同考官作弊,他受人委托,他们会有很多暗号。那时候叫"关节",有关节,同考官能够知道是什么人写的，如果碰巧到他手里的话，他就可以把这个卷子推荐上来，好的卷子他可能就不推荐了，会出现这种问题。疏漏也会有，还有制度上的一些问题。最早的规定就是同考官阅卷，按照一定的比例推荐给主考官。一个同考官拿几百份卷子，可能这几百份卷子里优秀的卷子比较多，也可能同考官手里的卷子差的比较多，好的不那么多。比如都推荐20份，可能好的有30份，他碍于数额可能就推荐不上来了。或者有一些好的卷子不够20份，为了充数也拿20份，不太好的卷子也会被推荐上来，这是制度上的一些问题，所以分房阅卷以后会出现这种问题。

在康熙十七年（1678）的时候，当时的左都御史叫魏象枢，他就建议主考官要搜落卷，以杜绝埋没人才的这种弊病。提出来之后清朝皇帝当然很认可，但实际上并没有在《科场条例》当中明确地规定应该去搜落卷。但是如果有搜落卷这种情况，皇帝是默认的。各省有这样的一些做法，就是主考官自行搜落卷。最明显的记载是康熙二十六年（1687）丁卯科山东乡试，当时的主考叫周清源，他把同考官的卷子选定以后，觉得第一名的卷子不太满意，于是就到各房去搜落卷。当时搜到一个卷子，应试者叫刘瑛，他觉得这个卷子非常好，刘瑛当时在山东是很有名的一个才子，所以就把刘瑛的卷子列为第一。这是主考官自行搜落卷，他可以这么做。搜落卷以后，录取榜单公布出来，舆论非常好，大家认为这次选得很成功，刘瑛就应该得第一，效果很不错。所以，到了康熙五十年（1711）就规定，搜落卷作为一项制度，正式列入《科场条例》。当时就规定了，以后凡是没有推荐给主考官的各房落卷，主考官一定要遍加搜阅，意在不令佳卷遗落。遗失佳卷的话就造成考试不公了，所以有这么一个规定。

康熙五十年之所以有这个规定还有一个原因，当时阅卷耽误了时间。按照清初的规定，不论乡试会试，考试结束以后15天到20天之内要公布录取榜单，当时的会试耽误了时间，就有人提出要处罚考官。康熙皇帝说不要处罚，认真阅卷是好的，以后不管乡试会试，阅卷展期，展期就是延长阅卷时间。当时清代的考试分大中小省，大省延长10天，中省和小省延长5天。既然阅卷的时间延长了，那么一定要认真阅卷。同考官没选的卷子要讲为什么没有选中它，主考官要对那些没有推荐上来的卷子认真的搜阅。于是康熙五十年就正式制定了清代搜落卷的条例，而且列入《科场条例》里，我们现在看到《科场条例》就有记载，一定要搜落卷。

搜落卷的目的是什么？其实我们可以看到，第一，防止考官舞弊。这是很明显的，有些考官会把好卷子、差卷子有意识的颠倒。第二，避免考官的疏漏。因为这不像做数学题，八股文判断好坏可能差距很大，个人的看法不一样，又没有什么标准答案，同考官看走眼也是难免的。第三，堵塞制度上的漏洞。每个同考官按照一定的比例推荐卷子，好卷子多，他可能就不能都推荐上来。好卷子不多，可能差一些的就要来充数，所以搜落卷还可以避免制度上的漏洞。第四，平息舆论。这也非常的重要。以往的考生，只要一落榜就会生事，很多舞弊案就是考生闹起来的，所以当时人讲"落第举子之口真可畏哉"。没考上的考生到处说考试不公平，考官和朝廷也比较害怕，所以认真搜落卷，不要让人说话闹事。康熙五十年规定以后，雍正元年（1723）会试规定取280人，后来说有些好的卷子还没有录取，再搜落卷，就又多录取了七十几个。当时考试以后，文献记载中没有任何对这次考试的攻击，搜落卷确实起到了一个好的效果，所以清代的搜落卷就一直坚持了下去。

搜落卷制度在实施中不断发展、完善。康熙五十年定制以后，大部分情况下主考官不太积极，有顾虑。原因是按照规定，同考官没有推荐的卷子主考官录取了，最终是要处罚同考官的，主考官碍于面子，都是同僚，也就不积极搜落卷了。所以，雍正元年就规定了一条，如果是文内八股文词句非常隐晦，不好理解，同考官疏漏了，这种情况下主考官录取以后不用处罚同考官。除非是有意地把明明非常好的卷子给漏了，把差的卷子推荐上来，这样要处罚，一般就不处罚。所以解除了主考官搜落卷的顾虑。

到了雍正七年（1729）又规定一条，针对以前制度上有漏洞，即按照一定比例来推荐，这次规定，各房不拘定数，不按照一定比例推荐，好的卷子都可以推荐上来，尽行呈荐，这是雍正七年的一个规定。

实际上雍正朝新条例规定以后，主考官的权力就非常大了，所以这里也有一些问题。因为雍正给主考官的权力太大,乾隆时候定了些条例要限制主考官,比如说乾隆二十五年(1760),明确主考官、同考官的职责,而且具体定了搜落卷的程序。主考官的权力也不能那么大,搜出之后一定要把认为可以录取的卷子交给本房同考官签字,让他补一个荐条,这样的话职责就明确了,要征得同考官的同意。同时也规定,同考官如果坚持这个卷子不能取,坚持不签字,主考官还要录取,那主考官需要签字说明理由。

清代的录取卷不管乡试还是会试,最后都要交到礼部进行复审,当时叫作"磨勘",也就是要进行复核。如果到了礼部磨勘的时候,认为这个卷子确实应该录取,同考官仍然不签字,不补荐条,那就要处罚。如果说这个卷子确实不应该录取,同考官坚持是对的,主考官录取了,那就处罚主考官。这就把责任明确得比较详细,而且对主考官也有一定的限制。

到了乾隆三十三年(1768)的时候,有一个规定,凡是搜落卷的情况,"于奏报试竣折内声明"。清代的奏折是专门一种制度,一般像道台以上的人可以专折奏文,把自己需要报告的事情写成奏折,但不是每个人都可以写奏折的,需要一级级地呈报。知县就报到府里,府里报到道台,道台一步步报上来,当然京师的科道官是有奏折权的。奏折分很多类,其中有一种叫"事竣折",事情办完以后,比如工程、水利、打仗、考试等,汇报这件事情,就叫"事竣折"。考试结束以后一定要写一个报告,即"试竣折"。这个报告规定得非常详细,什么时候入场、入场遇到什么问题没有、搜检怎么样、出什么题、遇到什么情况,这些都有规定。乾隆三十三年又规定一条,有没有搜落卷、搜没搜到落卷、搜了多少个落卷、搜的落卷是谁,要把这些情况在试竣折内汇报。也就是说搜落卷是对主考官一项非常严格的要求,不是可有可无、任意随便的。

乾隆五十四年(1789)又有了一个新规定,会试搜落卷搜出的卷子一律放在50名以后。为什么会出现这个规定?当年主持会试的主考是王杰,他是乾隆二十六年(1761)的状元,当时专门与和珅对着干,人品很好。他做状元其实也很偶然。以前状元的卷子交给皇帝阅的时候都是密封的,大臣选出10个优秀的卷子。前10名怎么产生?八个考官,每人选自己最好的一份，然后按照官阶的高低，最高官阶的两个人再把他们第二名的卷子拿上来，一共10个卷子。他们排一下名次，排好后送给皇帝，由皇帝阅卷，所以皇帝一般就看10个卷子，也有极少要求多看的，看到12个卷子。一般10个卷子，从中圈出第一。

乾隆二十六年的时候，礼部给皇帝的卷子不密封了，密封本是怕考官舞弊，皇帝是天下至公的，不可能偏向谁，所以不要密封了。于是乾隆二十六年那年就没有密封，没有密封的卷子到了乾隆皇帝手里，第一名赵翼，江南人，江南那么多状元也不稀奇了。第二名浙江的，第三名陕西的王杰，因为当时陕西还没出过状元，就把状元给了王杰，于是陕西有了个状元，陕西这一朝就这一个状元，就是王杰。王杰的口碑还不错，他于嘉庆十年（1805）去世，当时朝廷对他的祭奠非常隆重。王杰当时在会试落卷当中搜出四五十个，而且排在第二、三位，乾隆皇帝有些不快，不搜落卷可能会遗漏，可能会使落第举子攻击，但王杰搜这样多，有捞取名声之嫌，皇帝不能容忍。这样肯定会造成考生称颂他，四五十个落卷都给搜出来甚至排到第二、三位，所以乾隆皇帝非常生气，说不搜落卷是不对的，但也不能认为同考官水平如此差。那都是皇帝选的人，一两个落卷可以说疏忽了，搜出几十个而且排这么靠前，对同考官来说也不合适。乾隆皇帝思想上会有些想法，觉得好名声都被王杰占了。所以当时有个规定，会试搜出的落卷一律排在50名以后，排名不能靠前，乡试也是一样往后排。

嘉庆五年（1800）的时候，又有一条新的规定，监试御史要介入搜落卷。其实主考官、同考官之间的争斗非常厉害，比如清代史料有这样的记载，主考官搜落卷时，同考官受了一个人的委托，要把他的卷子推荐上来，但是推荐给主考官以后，主考官未必选他，于是同考官会把一些差的卷子推荐给主考官，好卷子放在落卷的上面。主考官一搜落卷，觉得这卷子好，就肯定录取了。他们之间也会斗法，也会为此争执，所以嘉庆五年时就规定，搜落卷不是主考官直接到同考官那儿去搜，同考官把没有录取的落卷打好包交给监试御史，他们再交给主考官，同考官不好做什么手脚，主考官也不好做什么手脚，尽量地使制度能够完善。我们也是从条例的制定到变化可以看出清代的科举制度从条文上来讲是非常缜密的。

我们再讲讲通过搜落卷中式的一些名人，比如何国宗、徐葆光，他们是在康熙五十一年（1712）壬辰科会试中式的，当年也是搜落卷搜到这两个人。当然还有其他人，他俩比较有名。接着他们就参加殿试，徐葆光考了一甲第三名，探花。何国宗是二甲第十名，名次都很靠前。何国宗是北京大兴人，原来叫直隶大兴，他也是著名的算学家，在乾隆时期去过新疆勘测地理，参与绘制了《皇舆图》，《皇舆图》很有名，现在收藏在故宫博物院。乾隆二十八年（1763），当年会试已经选好了，由于磨勘的时候发现第三名张书勋的卷子有问题，所以在落卷里搜出了秦大成。会试搜出秦大成之后接着就殿试，秦大成拿了状元，没有搜落卷也就没有这个状元了。最著名的就是左宗棠，左宗棠是在道光十二年（1832）壬辰科乡试那年中举，我们在《清实录》中可以看到，道光皇帝三次下谕旨，各省乡试主考官一定要认真的、严格的搜落卷，不使佳卷遗落，不使人才埋没，所以那年还都是比较认真的。当时湖南乡试的主考官叫徐法绩，他确实是认认真真的搜落卷，而且在试竣折内也讲了，这次搜出六个人，第一个就是左宗棠，文献记载很多。如果没有搜落卷，左宗棠可能至少不会这么快出名，我们不敢说他就不出名了，毕竟有了举人的出身，就可以做官了。这是我们讲的搜落卷的情况。

第二，我们讲一下"发领落卷"。发领落卷和搜落卷有所不同，搜落卷是在榜前，发领落卷是在榜后。这个落卷是真正没有录取的卷子，搜落卷是初步没有录取的，搜到的还可能录取。发领落卷是确确实实没有被录取的，是落第举子的考卷，也可以叫"发还落卷"，但是清代《科场条例》叫发领，为什么？因为政府是发放，考生要领回，所以叫"发领落卷"。

我们讲搜落卷追求的是公平取士，那么发领落卷表示的是一种对公平的自信和公开。考生的卷子有名字，优秀的文章会刊登出来，没录取的卷子领回去可以自己看，可以比较，这表明了清政府坚持公正的一种态度。另外，发领落卷作为清代科举落第政策中重要的一项，体现了"人文关怀"的精神，至少是一种安慰性的措施，它表明朝廷公平取士的这种决心。搜落卷是追求公平，发领落卷表明这种态度。

明代后期有发还落卷这种举措，但是没有形成制度。清代也不是突然出现的，以前有些做法被效法了，被吸收了，形成制度，条例就更完善了，所以它是集历代之大成。明末的时候就有发落卷这种举措，特别是在各省的乡试或者童生试中，清初没有按照这样去做，就出现了很多问题。中式的卷子送到礼部去了，没有考上的卷子也就是落卷经常就被毁了。有的好事者就把它给买回来，然后再高价卖给原来的考生。重金买回后，很多人对卷子上没有任何评语感到非常失望。

顺治十二年（1655）的时候，有一个非常好的规定，针对的是会试：会试的落卷允许考生赴阅。考生可以去礼部保管试卷的地方看自己的卷子，没有考上的考生限6天之内去看，但是不许领回。当时的规定就相当于我们现在的高考查卷，考生可以看到自己的卷子，只是不能领回。我们觉得顺治十二年的这个规定是很有意义的，它为日后发领落卷制度的确立开启了先例，起码可以来看，只不过不许领回。

康熙七年（1668）的时候再次重申，同考官要对各房的落卷批出不中之缘由，开榜之后令本生来阅看。康熙朝进一步规定要认真的写出不录取的理由。

康熙十八年的时候，发领落卷作为一个制度成为定制了。当时规定同考官将各房落卷俱批出不中的缘由，开榜之后10日内，令本生领取原卷阅看，不许藏匿勒索。因为会出现有些考官要钱才给看的现象。康熙十八年，发领落卷成为定制，一直推行到清末。这个制度就表明了清政府公平取士的决心，政府有勇气公开那些没有录取的卷子。开始是会试，后来就是各省的乡试，落卷一律发回本生。

这个制度在推行当中也有一些变化，比如乾隆四十八年（1783），出现落卷遗失，有的人没领到，于是就对收掌官进行处分，罚俸或者降级，根据丢卷子的份数多少进行处罚。道光二十三年（1843），又有了一条规定，因为之前领落卷报个名号就可以了，所以就会出现冒领、领混等各种现象。道光二十三年就规定以后的落卷50卷一捆装箱，装箱以后登记，交给提调官，由提调官统一核对，加封保管。考生领取的时候一律要以原来报名交钱时拿到的票号来领取，这样就避免遗失、冒领或者领错。这个制度也越来越完善。

在这里我再说一点，所谓的落卷并不是考生亲笔写的，因为所有考卷都要进行誊录，考官是在誊录卷上进行批阅。考生领回的卷子是经过誊录的，但自己的文章怎么写的肯定是清楚的。现在有《朱卷集成》，为什么叫朱卷？就是红卷子。科举考试时，考官批阅的是誊录卷。同考官、主考官阅完以后，拆开弥封，看到考生的姓名，再找原来的墨卷，对照无误，就可以公布。当然也有弄错号的、弄错了重新改的，史书记载也很多。明清都是这样，考场非常严格。科举考试考场有五种笔色，考生用黑色笔，誊录用红色笔，抄完以后有没有抄错，现在叫校对，当时叫对读，对比墨卷、朱卷有没有抄错，错了则需要用赭色的笔更改。同考官用蓝色的笔，主考官用黑色的笔，因为是红卷子，所以蓝笔、黑笔可以分得很清楚，什么笔色出了问题就处罚相应的人，明代也是这样。我简单介绍这点，主要告诉大家考生领落卷拿到的是誊录的朱卷。

  这个制度一直推行到清末，它有几个作用，第一，监督考官。发领落卷可以督促那些同考官要认真阅卷，不可粗心大意。考生拿着卷子是可以告官的，允许告官。清代有一个笔记叫《阅世编》，作者叫叶梦珠，他有一个朋友叫作周子鹰，当年也是参加了乡试，拿到落卷以后一看同考官的批语，同考官阅错了，而且第三场的卷子誊录的是别人的卷子，也就是说他拿到的朱卷不是自己的，于是告官，当然就处罚了当时的考官。所以这对考官来讲阅卷也是要非常认真，不敢懈怠，更不敢胡闹。康熙四十四年（1705）顺天乡试，那年也出现了一个大案子。考完以后，很多的落第生，也就是落榜者，拿着自己的落卷以示人，到处喊判卷不公，闹得很厉害。然后用稻草绑成主考官的样子，到主考官家门口把草人给烧了。最后主考官被处分了，因为阅卷有问题。所以把落卷发到落第生手里对考官而言是一个很大的督促，不认真阅卷就会出问题。

  第二，还可以发现科场舞弊案。例子很多，我只讲一个比较有名的。嘉庆三年（1798），湖南乡试发生了一起比较大的案子，《科场条例》、地方志和一些人的文集里都记载了这个案子。当时有一个人叫彭莪，非常有才华，而且在岳麓书院读书。他是一个生员，俗称秀才。当时岳麓书院的院长是朝廷致仕的一个官员，叫罗徽五。他让彭莪去考，并说今年乡试的第一名解元一定是彭莪。彭莪很有水平，大家都了解，他绝对是出类拔萃的。结果考完20天以后公布榜，湖南乡试的中额是四十六七个，别说第一了，从头看到尾都没有彭莪的名字。院长也觉得不可思议，于是等落卷。拿到落卷后发现落卷不是他的。清代有个惯例，乡试会试结束后，要印《乡试录》《会试录》，还有一些程文之类的，会把考场当中的优秀文章印出来。印出来一看，第一名解元叫傅晋贤，这篇文章是彭莪的，于是他就告官了。告官以后查出来了，是当时的书吏，具体的办事人员叫樊承顺，把卷子调换了，具体的细节我们就不讲了。傅晋贤张榜以后，大家就觉得很奇怪，他是个富家子弟，虽然念书，但不可能考第一，就有些疑惑。等到这事一告官，查出来是他买通了书吏樊承顺，花了几千两银子。之后有人找彭莪，说私了算了，给几千两银子，去捐个知县。清代有捐纳制度，可以捐个知县。考了举人，明年进京赶考，会试也未必就能中进士，中了进士也无非就是知县。彭莪有点动心了，但书院院长罗徽五不同意，坚持一查到底。最后案件弄清楚了，樊承顺杀头，傅晋贤杀头。所以通过发领落卷确实也发现了一些科场舞弊案。

第三，安抚落第者。发领落卷本身就是一种安抚措施，要使这些落第的考生心服口服，所以看到自己的卷子，看到考官的批语，再看录取的卷子心里就有数了。我这里讲一个问题，大家可能认为因为科场舞弊案，优秀的人才没有录取，差的录取了。这种现象是有，但是录取的文章绝对是最好的，没录取的文章绝对是比较差的。有些人可以变换手法去作弊舞弊，但是他不可能把一个差的文章放第一，这是不可能的。录取的文章一定是最好的，至于这里有没有舞弊再另说。没选上的文章个别可能会有些好的，但总体来说是不太好的，这是没有问题的。

要使落第考生心服口服也不太容易，比如乾隆六年（1741），湖北乡试的主考官叫陈兆仑。当时有个叫刘龙光的人没考上，他拿到的落卷上有同考官和主考官的一些批语，可能是被推荐上去了，所以主考官也看到了，但是没有录取。他拿着卷子去见主考官，一般来说，考取的人要见主考官，是座主门生，会拜老师，没考取的考生见主考官的很少。但是像陈兆仑这样的也有很多人去拜他，因为他写得很详细为什么没录取。刘龙光拿着卷子找到主考官，主考官讲完以后他痛哭流涕，说知道应该怎么写了。下一届再考乡试就被录取了，第二年进京考试就考中了进士，当时有一个词叫"联捷成进士"。考生往往考上举人之后不见得第二年春天就能考上进士，可能三次、五次、八次，十几年、二十几年才能考上，但他第二年就考上了，联捷成进士。做了官以后，他对陈兆仑终生执弟子礼。以前是主考官，作为座主门生执弟子礼可以，但下一科录取的主考官不是陈兆仑，因为陈兆仑在批语上给他讲了很多，对他的启发很大，所以他认陈兆仑为师。

1986年浙江古籍出版社出版了《科场回忆录》，作者是钟毓龙。钟毓龙参加过清末科举考试，发领落卷以后，他看到自己的落卷上同考官批语"恃才"，怎么写文章，要有实际内容，不要凭自己有点才华就玩文字游戏。同考官的批语很好。主考官的批语，是告诉他怎么样添注涂改。清代的卷子有缮卷条规，关于添注涂改的规定很严格，卷子可能写错了，需要涂改，或者添加几个字，叫"添注涂改"。添注涂改的时候有详细的规定，而且在卷子后要写我这个卷子怎么怎么样，有时候誊录的人帮忙就给他改了，句子不顺就给顺了。一定要注上自己的卷子添几个字、注几个字、改了多少字，原来就直接写一、二、三，后来要写大写的壹、贰、叁。因为一、二容易被改动，规定非常严格。考生往往在添注涂改上搞错，所以主考官提示添注涂改要注意。钟毓龙记得非常清楚，他回忆的时候能够把当年落卷上考官给他的批语写下来这很不容易。

还有一个人叫骆憬甫，是浙江杭州钱塘县人，写了《浮生手记》。他当时也参加了晚清考试，拿到自己的卷子后，再同考场优秀的文章一比较，感到自愧不如，很服气。所以发领落卷很重要的一点就是安抚落第者，实际也是清代发领落卷的本意。至于监督考官、发现舞弊案都是其他的，主要就是让考生心服口服，不要闹事。

第四，充当路引，这是意料之外的作用。清代的科举考试，各省举子到京师来参加会试都由省里发路费，布政司就是现在我们讲的省政府，由省政府统一发路费。数额根据远近不同，北京的顺天乡试没有。包括山东、河南、海南等省，海南省当时叫琼州府，广东琼州府是最多的，因为它最远，其他各省都有。云南、贵州以及新疆的考生不同，他们的路费银不多，就三两，其他都几十两。但是他们有驿马，可以拿兵部的火牌乘驿马来，到驿站休息。驿站接待吃住，然后骑着马再到下一个驿站。

发了路费以后需要报销，不能用这个钱去游玩，最后说自己没考上。清代路费发放是很严格的，报销也很严格。有些规定，如果走在路上病了，当地的政府开了证明，这个费用就不追回，作为养病的费用了。如果走在路上听到父母去世了，那也得返回守丧，父母丧还参加考试是不行的，必须得返回。家乡就有证明了，这个作为治丧费了。但是没有适当的理由的话，这个路费要追回。考上了进士通知各省，榜上都有名了，不需要开证明。没有考上的，起初是要到礼部开一个证明，称为"路引"，证明入场参加考试了，只是没考上。后来在雍正和乾隆期间，领落卷后就用落卷充当路引了。考题大家都知道，有落卷，有同考官批语，那肯定进场了，落卷就作为报销凭证。所以，有一段时间落卷就充当了路引，作为报销凭证。

二、分省取士及对边远省份的政策倾斜

第二个问题就讲一下关于分省取士以及对边远省份的政策倾斜。

我们先讲分省取士。所谓分省取士就是因为科举考试不管童生试、乡试、会试，最后都要考到进士，进士是全国性的。到底是完全凭成绩还是考虑区域的分配，实际上科举考试一直面临这么一个问题：是分地区取士还是严格地按成绩取士？其实科举考试有两个功能，一个功能是选拔人才，从这个角度讲，为了公平公正的话，一定要按照考试成绩录取。但是科举还有一个功能，就是笼络人才。封建帝王推行科举考试，全国各地都要有，不能局限在某一地区，这样大家才拥护，而且有利于全国各地的经济文化发展，所以它还有一个笼络的作用。因此，从科举考试推行以来，一直有分地区取士还是按成绩取士的争论。

从凭文录取到分区域录取有一个很长的过程，唐代就出现了很多所谓"剃光头"的地区。"破天荒"这个词就是当时湖北荆南地区没有一个人考上进士，号"天荒"。有一年考上了一

个，赏钱叫"破天荒钱"，所以"破天荒"就是从科举考试中来的。到宋代的时候，就出现了司马光和欧阳修的争论，司马光是山西人，他主张分路取士，当时"路"就是最高的地方行政区划。分路取士就是按照路来分配名额，他说，这样的话全国各地都能选上进士。欧阳修是江西人，他就不同意。他认为南方水平高，现在已经录取的少了，如果再分出区域就更少了，所以一定要凭才取士，凭文录取，看谁的文章写得好就是谁。最后皇帝来判断，还是按照欧阳修的做法，习惯了，就是一直这么下来，凭才录取比较公平。

明代就出现了一个问题，洪武三十年（1397）出现了南北榜事件，考试录取了五十一个人全是南方人，北方举子就不满，闹事了。这个事情反映一个什么问题？南北对录取名额是有争议的，南方北方是不同的，都为了各自的利益。这其实谈不到舞弊，当时南方人水平确实高，都是密封录取的卷子。后来就把这些人处分了，考官也处分了，重新又来一榜，春天来一榜，夏天来一榜，也叫春夏榜，或是南北榜。第二榜朱元璋录取的全是北方人，其实这种绝对的做法并不好，但朱元璋有他自己的考虑。

后来明代实行了南北中卷制度，在参加会试时，考生在试卷上写上南、北、中不同字样。它的录取比例是：南方的卷子占55%；北方的卷子占35%；中卷就是四川、广西、云南这些地区占10%。至少已经考虑到区域了，所以明政府是按区域取士的，不能全是南方人，北方和西南边疆地区也要兼顾，所以当时分为了南北中卷。

清初的时候确实凭文录取，没有分卷，因为清初刚开科只有五个省乡试，会试也没多少人，所以没有必要分区域，就是凭文录取。后来开科的省越来越多，有十几个省，参加会试的人也越来越多了，所以到了顺治九年（1652）就分为了南北中卷。大体上按明代的那种分法，南有江南、江西、浙江、福建、广东这几个省，江南实际上包含现在的江苏和安徽；北有山东、河北、河南、陕西、直隶；中卷就是云南、广西、四川、贵州，加上江苏、安徽的一些府。在这里面选拔人才，同样是凭文录取。

清代分南北中卷比明代有一个进步，进步在哪里呢？明代是早就预定好了各卷的录取名额，而清代不是。清代南北中卷是按照明代的那种分法，但录取名额是按照实际参加会试的人数临时确定的，而不是一个固定的比例，这一点要比明代稍好一些。实际上，清代分南北中卷并没有解决每个省都能录取的问题，清代有一个词叫"脱科"，这在科举中是一个专用语，参加会试的时候，某个省没有一个人考取进士，叫"脱科之省"。某某省出现脱科了，就是这次考试这一科一个人都没有录取。康熙三十年（1691）的时候，广西、云南、贵州三个省脱科，它本身比例很小，尽管中卷就是云南、广西、贵州加上四川，但是有江南和安徽的若干府，那些士子很厉害，名额基本被他们占了，所以这三个省脱科，没有考取进士的。

这怎么办呢？当时就决定，在南北中卷当中再分左右，就是南左、南右、北左、北右、中左、中右，实际上还按区域取士，只是这个区域划分更小而已。比如南卷，江南、江西为南左，广东、福建、浙江为南右。那还会有取不上的，而且阅卷非常麻烦，所以康熙三十八年（1699）就改了，针对云南、广西、贵州、四川等区域录取很少的情况，就分别立字号，将来参加会试的时候，这四个省的举子就在卷面写上云、贵、川、广，表明是这四个省的，到时专门给名额。云南、四川给两个，广西、贵州各给一个，保证有两个和一个进士。于是康熙三十八年就采取了这样一个政策，照顾边远省份。康熙三十八年的这个举措确实开创了对个别省份确立中额的一个先例，过去没有对个别省明确取多少，这个区域之内，谁考得好就是谁，到了康熙三十八年有这个变化了。

康熙四十二年（1703）的癸未科会试出现了一种情况，就是南卷当中广东那年一个都没考取，广东出现脱科了，于是一帮人就抗议，说怎么没有我们。后来就在广东没有录取的落卷当中选了两个成绩好一点的录取，增加两个名额。以后凡是出现脱科之省，就在落卷当中选一两个优秀的补上，这是为了解决脱科之省采取的办法。

到了康熙五十一年，因为清代对于边疆少数民族地区的科举教育还是非常重视的，所以当时有个大臣叫赵申乔，他就奏请要增加云南、广西、贵州这三个省的会试中额。当时礼部确定了每省各增加一名。这个奏折礼部议定以后报给康熙皇帝，康熙皇帝看了以后，就提出来分省取士。每个省根据来京参加会试的人数临时确定录取名额。所以康熙五十一年，以赵申乔申请增加云南、广西、贵州会试名额为契机，康熙皇帝确定了清代会试从此以后就是分省取士。

这个制度的确立在科举发展史上是非常有影响的，分省取士应该说是一个最终的发展方向。我刚才讲了，科举除了选拔人才之外还要笼络人才，所以意义非常重要。康熙五十一年确定，康熙五十二年（1713）癸巳恩科开始正式分省取士。《清实录》及其他文献里都有记载，从这一科开始就定了浙江多少人、江西多少人、广东多少人。这个人数是按照实际来京城参加考试的人数确定的，大体上是20取1，但并不是那么严格，实际上江浙那边水平比较高，可能就是20个取1个。广西、云南、贵州那边水平略低一些，就是21、22个或者再多一点取1个，大体上是20取1，比较公平。

从康熙五十年以后再看，查《清实录》或者登科录，云南、广西、贵州进士人数从一两个一直到最后十几个，增长得非常快，这对当地少数民族文化教育很有促进作用。2010年我去云南怒江自治州考察，那里的学校非常落后，学生很苦。他们自治州三个县每年能考上一本的学生很少，二本也不多。我问一个中学校长，如果北京大学或者清华大学一年给你们一个录取名额，或者两年给你们一个少数民族名额，你们认为学生是更努力读书，还是不努力了呢？他说肯定更努力了。所以我们可以回想清代的情况，给某个地区的进士人数多了，肯定会促进这个地区教育的发展。

分省取士除了各省之外还有满洲、蒙古八旗，这些也是确定名额的，它相当于跟省并列。每次考试也有八旗多少人，满洲八旗多少人、蒙古八旗多少人、汉军八旗多少人，有这个数量。还有一个就是宗室，清代的宗室爱新觉罗氏，他们的后人参加科举考试也是专门给名额的，但是比较少，只有一两个，因为参加考试的人本身就不多。另外就是台湾地区，台湾地区士子参加会试，当时规定只要有10个举人就给1个进士名额，对于他们来说也很优厚了，和八旗差不多，但是不如宗室。

分省取士是科举制度发展的一个必然趋势，它也体现了政策的倾斜。因为政府要考虑到全国的利益，不是某一个省的利益。乾隆五十三年（1788），有一个科道官叫钱沣，这个人就有点糊涂，他申请恢复旧制，凭文录取。乾隆皇帝没有批准，而且讲国家取士要博采旁求，于甄录文艺之中，原来包含的就是广收人才之意，文风高下，互有不齐，各省是不一样的。

钱沣是云南人，他就是想出点风头。乾隆皇帝认为无非就是博点名声，提点建议。钱沣如果是江浙人，那一定是谋私利，绝对是要重罚的。江西、浙江、江南、广东、福建都是大省，云南是小省，所以不是谋私利，顶多就是混点名声，就没有处罚。这个事情以后没有人再敢提了，分省取士一直到清末最后一科。

第二，我们讲一下关于对边远少数民族地区的科举教育，应该说这方面清代做得非常成功，它实际上是对边远少数民族地区的一种政策倾斜。清代的科举分大省、中省、小省，云南、广西、贵州是科举教育的小省。我们讲几点，一是关于怎么看出是对边远少数民族地区的政策倾斜，如童生试的学额问题。清代的府州县学分大中小学，这个大中小学是按照不同地区的文化发展程度、录取名额确定的。府学一般是20人，录取是三年两次录取，每次录取的人数一般是20人，也有些很著名的府是25人，比如像江南的和北京的顺天府录取名额要略多一些，一般的府就20个人。中学可能就是十二三个人，小学七八个人。

在云南、广西、贵州这些边远省份，查一查《清实录》或者《大清会典事例》有关学额的记载，这些省份的府州县学，特别是府学和大省、中省的府学没有区别，大体都是20人，除了像江苏个别的省份和京师的是25人之外，大部分都是20人。中小学大体都差不多，新建的一些小学略少一些，开始是四五个人，后来也逐渐增多。从学额来看，实际上有个倾斜，因为那边读书人确实少，比大省、中省特别是江浙、江西要少得多，但是入学的名额差的很有限，基本上是一致的。

还有一种就是保障性的入学名额，在云南、广西、贵州等地，叫"苗童"，规定某些府州县学可录取一至两名，专门收当地的少数民族子弟，在广西叫"瑶童"。另外，在云南、贵州对于土司子弟，专门给进府学的名额，比如云南25个，贵州25个，称为"土生"。土司子弟也不用考试，特别是准备接替他父亲做土官的可以直接送到府学，不用考试。这些都是对少数民族的一种照顾，有专门的名额。

另外，乡试的中额有一个分配原则。按照商衍鎏先生《清代科举考试述录》的说法就乡试中额按照人文、赋役的情况分配，实际上不完全是这样。商先生讲的我们可以把它看作是作为大中小省的一个分配原则而已，具体到各省乡试中额的分配完全不是这个原则。是什么原则呢？清代文献里讲得很清楚，对于顺天乡试，因为它是首善之地，叫"培养宜优"。八旗子弟、宗室子弟受到照顾，宗室我做过统计，宗室子弟基本上是3个举人就有1个进士，其他地方的士子得不到这种待遇。台湾地区可以10个举人有1个进士，八旗子弟也是受优待的，这就是"培养宜优"。云贵广西这些小省是"鼓舞宜亟"，对他们进行鼓励，政策倾斜帮助他们，在文化上扶持。其他的大中省，除去顺天府外，是"解额宜均"。广东、山东是中省，举人的名额是71名，江西、浙江是大省，均为94名，这就是"解额宜均"。

在乡试当中还有一个保障性的乡试中额，这个保障性的乡试中额是通过字号来体现的，考场当中要编字号。一个是区分官、民，清代对官卷限制很严，几品以上的官员子弟参加考试只能录取百分之几。比如浙江，94人大概只能有4个官卷，也就是官员子弟4个，有的省就2个或是1个，写上"官"字，其他是民卷。民卷当中又分很多字号，有的是照顾边远地区、落后地区，有的是照顾某些人群。比如在少数民族地区，广西有泗城府、镇远府，这都是土司地区，改土归流以后就专门编"镇"字号、"泗"字号。在乡试里保证录取这个府的考生1名作为举人，如果不编字号，混在其他卷子里通选的话可能就录取不了。比如湖南申遗成功的永顺土司，那个地方有凤凰厅、乾州厅，当时叫苗疆、边城，沈从文就写过《边城》，所以当时在湖南考试时候这些地方的读书人编"边"字号，30取1，比例很高。

这些地方的少数民族，比如苗人子弟，是真正的少数民族子弟，按照湖南的情况可能大多数是土家族。这些少数民族编"田"字号。"田"字号15取1，对少数民族地区非常照顾。一般来说参加乡试也是有比例的，叫"录送乡试"，就是各省按照实际录取的比例，再加上副榜，皇帝临时增广的中额等各种因素，一般来说是 100 人取 1 人。当然有的松一些，就会录取多一点，像江苏、浙江最严格的省大概是入场 150 人取 1 人，一般的省可能 120 人取 1 人，云南、广西大概是 100 人取 1 人，贵州就是不足 100 取 1。不管怎么样，对于少数民族地区的 30 取 1 或是 15 取 1，是非常优厚的政策。

另外，少数民族地区考生入学比较容易，乡试中式比例比较高。为什么童试比较容易？实际上童生试考试也是非常难的，先要考县试、府试，之后考提学试。所谓提学试是各省的学政来主持考试。参加三个阶段的考试，每一个阶段都是若干场。县试就要考五场，一次一次考，府试、提学试也一样，非常难，经常也是一两千人选二三十人。但是在云南、广西、贵州这些边远省份就相对比较容易，特别是苗童、瑶童给了名额的，考试就相当地容易了。清人笔记里记载，少数民族子弟参加县试，考官就出一个题，而且很灵活。比如像黔东南地区，那时开辟苗疆，新开辟时没人入场，所以请外省的人来入籍考试。所以这些地区考试非常容易，中式比例也比较高。

再有，土司是不能参加科举考试的，但是土司子弟要承袭其父亲的官职，清代规定必须送到府学，叫入学习礼，毕竟做了官员不能不懂礼仪。土司子弟做府学生员的时候，那些同学都陆续参加乡试、会试，考了进士做了官，他看着也很羡慕。所以为什么说科举考试在清代仍然有很大的吸引力，我们从这里就可以看出来。

雍正十三年（1735）的时候，贵州黎平府亮寨长官司长官正七品，名叫龙绍俭，他就提出要参加科举考试。科举考试考上举人、进士要做官，最后可能做到一品官。土司就是世代承袭，父亲七品，子孙也是七品。当时的贵州学政叫晏斯盛，他有一个文集叫《楚蒙山房集》，专门就记载了土司乡试，《清实录》里也有记载。龙绍俭要参加科举考试，他找学政说做土司就像山鹰把翅膀给折断了一样，不能像汉人那样展翅飞翔，所以宁可不做土司也要参加科举考试。晏斯盛就把他的话报到礼部，礼部按照规定土司是不能考试的，所以就否决了，最后给皇帝批准。雍正皇帝一看，土司向化，很好！就同意让他考，他如果考上了举人，那就让他的家族其他人承袭土司，他可以接着进京考会试。龙绍俭就参加了乡试，但是他最后没有考上。这个例子说明科举考试对少数民族子弟有非常大的吸引力。乾隆、嘉庆时都有广西、四川、贵州的土司要呈请参加科举。我统计过，这些都是正七品以下的小土官，土司不能参加科举考试条例有，实际上已经不存在了，只要申报，给各省学政往上奏请，都会批准。

三、冒籍跨考与谎报年龄

我们前面讲的两个问题是属于清代科举要肯定的方面，下面我再讲的是科举文化当中一些值得我们警惕的问题：冒籍跨考与谎报年龄。我们刚才谈到广西、云南、贵州这些地方比较容易考，所以实际上有很多其他地方的人冒籍去考试，就像我们现在有高考移民一样。

第一，冒籍跨考与审音制度。从童生试来讲，有一个基本要求，即在本州县报名的一定是本州县籍人，县试或者州试也是一样。考完以后参加府试、提学试，所谓提学试就是学政巡回到各府来主持考试，考取了就进入县学、州学或者府学作为生员。还有一个规定是出身不好的不能考，比如戏子、屠户等身份。再有就是有父母去世的时候不能考，本人受过处分的、犯过罪的不能考。

实际上清代冒考问题是非常严重的，有人做了个总结，"凡人必欲冒考，或因问拟罪犯"，比如某个人是罪犯，在这个县被抓了，"本地难容"，于是就跑到别的地方冒充去了。还有"或系劣性黜生"，有些考生因为诉讼或是在地方闹事，生员身份被革除，清代还允许原名报考，但他没有改正错误，当地报考就会"条例难容"，也要躲避冒充。还有出身不好的，比如贱民子弟、戏子这些人不能考，有很多这方面的规定。他们会到一个别人不知道的地方，"图他郡之不知"。还有一种就是自己的才学低微、水平不够，江浙竞争厉害，考不中就换个竞争不厉害的地方。叶梦珠的《阅世编》里提到嘉定县每次考试都是2000多人，录取20多人，很难考中，100挑1，所以有的人就会到一些边远省份去冒籍，三五个人就能录取一个，这是造成冒考的原因。

由于有了冒籍，就有攻冒籍，造成了很多的社会问题。举个例子，江西有"棚户"，棚户是政府允许你在这儿安家了，若干年以后子弟可以参加科举考试，但是本地人攻你不是本地人，因为你来此地还不到规定的年头。江西有很多州县保存清代一些档案，还有这种案子，攻冒籍很多。清代舞弊很热闹。咱们现在有中介，过去也有中介公司，帮忙解决问题。清代笔记里记载一个故事，有一个人在江西铅山受到攻击，他的父亲是皂隶，是过去在县里帮人征税，拿着税票到处征税的这么一个人，基于他父亲的身份，这个人不能参加考试。中介就要了两千两银子帮他去处理。中介贴出一个告示，某某人系皂隶起家，他父亲做过什么什么，谁家有他父亲当年催粮催款的票拿来，可以换三千文或者两千文。三千文也就相当于三两银子。收了一批后，过十天涨到五千文，最后十千文，几个月之后收差不多了，这个人就去考试了。考县试、府试、提学试，最后录取生员。录取名单红榜出来了，有人看到他的名字认为不符合规定就去告官，说他父亲的身份有问题。但是审案需要证据，对方就拿不出来了。这个中介很帮他忙，把原来的名字挖改了再写。拿到堂上一看，他父亲的名字全是挖改的。县官就判定报官的是诬蔑，于是这个人就被录取了。实际上按条例来说他不应该被录取。

　　冒籍有的是到南方，还有的是到顺天府的大兴和宛平，因为大兴和宛平外省官员定居的人多，所以入籍的人也很多。清代规定，入籍二十年以后就可以作为本地人，而且有纳税的证明、土地和房产。为防止冒籍，清代有一个制度，就是审音制度。审音制度从清初就有，顺治、康熙也有，特别是在少数民族地区。比如土官子弟、苗族子弟经常有被冒籍的，因为他们水平确实很低，所以康熙时就有一定要审音的要求。所谓审音就是当地人和考生对话，核对口音。比如你是外省来的，没有在北京待若干年，我一听就能听出来你不是北京人，你说北京话我也能听出来。

　　清代制度很完善，在顺天专门派审音御史，入场之前一个一个对话，比如天津人、山东人基本上都能听出来。审音确实可以审出冒籍者，为了防冒籍，清政府确实是下了功夫的，各省都有审音，而顺天专门派审音御史。乾隆时还特别规定，审音御史一定不能是南省人,因为只有南方人到北方来冒籍,所以南省人不能参与。要真是入籍二十年了,可能口音差不多,没那么些年,那时也没推广普通话,是不太可能审不出来的。雍正时推广过一段时间的普通话,当时叫官话,但是没有成功。雍正皇帝说得很清楚,要向老百姓宣讲上谕,而且不能是当地做官的,一定是异地做官的。他是听了广东籍官员的汇报,都听不明白,所以要推广官话。

第二,谎报年龄问题。这是清代科场一种独特的现象,而且它对今天的影响非常大。我们先讲一下,历代都有"官年"的陋习,什么是"官年"?官员做官的时候登记个年龄,和他实际的年龄不一样。有人专门做过统计,科举考试以来,宋代、明代、清代很多官员的登记年龄比他实际年龄要小。

谎报年龄是在科举考试中为了谋求某些利益而谎报,这对今天的影响是非常深刻的。比如在童生试当中"以老充小"。清代的科举是非常严格的,边疆地区比较容易,但在其他省份童生试很严。县试的时候有两种题,"已冠题"和"未冠题"。已冠题是成年人做的考题,比如以十八岁说,到十八岁就要做已冠题。十五六岁就做未冠题,未冠题就相对容易一些,已冠题就要难一点。这两种类型的题一直到清末都有。有些人已经很老了,当年主持考试的学政说看着都五六十岁了,居然也要参加未冠题,他谎报很多岁,有人就给放进去了。钟毓龙写的《科场回忆录》就讽刺这种现象,他记录了一首诗很有意思,"县试归来日已西",第一场考完,太阳下山了;"老妻扶杖下楼梯",浙江有小楼,老妻这个词表明参加考试的人肯定也是老先生了;"高声附耳殷勤问",老先生耳朵不太好使了;"今朝未冠是何题",高声问未冠题是什么?显然,这位老者多次做的都是未冠题。

还有一种在八旗科举考试当中叫"以壮充小"。八旗科举考试的文试中,不管是乡试还是会试,一律要考骑射,是为了不忘记本民族的骑射传统。但是有一条规定,十五岁以下的免骑射,于是很多人就冒充十五岁以下。乾隆二十九年(1764)的时候就发现这个问题,有些考生的年龄和册内年龄太不相称了,看样子有四五十岁,居然登记的都是十五岁以下,于是乾隆皇帝非常生气,要查他们原来的底册,八旗的底册上到底是多少岁，最后就是该处分的处分。后来规定十五岁以下可以免骑射，如果谎报一律不能参加考试。嘉庆时有一次一下就有38人谎报年龄，被停止考试。

会试的时候，由于八旗子弟童生试、乡试都要考骑射，如果常年读书，得了近视眼，会试就不考骑射了，直接入场考文场，这就跟天下士子一样了，于是八旗子弟很多人就近视眼了。"近视眼"这三个字在《清实录》里就有记录。乾隆四十年（1775），八旗子弟参加会试的是125个人，73个人报有近视眼，乾隆皇帝怎么也不相信，最后大概承认了不到20个，其他的不考骑射，就不能进文场。

还有一个很有意思的就是老年士子问题。老年士子有恩赏制度，恩赏制度是从乾隆时开始推行的。乾隆十七年（1752），当时定的是会试，参加会试没有考上的、凡是八十岁以上的老人就授检讨职衔，七十岁以上的人授国子监学正。乾隆三十五年（1770）又定各省乡试，八十岁以上参加乡试的人就赏举人，这个赏举人的的确确就是正式的举人，但是要三场完卷，考完三场才行，进去混一圈，睡个觉就出来，那是不行的。三场完卷没被录取的，可以赏举人，这个举人第二年即可进京参加会试。七十岁以上的赏副榜。这个规定造成了很多人也谎报年龄。

清代的老年人在科场奋斗，终老考场的人非常之多，也是清代科举文化一个特殊的现象。清代的老年人以奋斗在科场而自豪，宋代、明代并不是这样。宋代有老榜，考多少次考不上就赏一个，称"特奏名"，也叫老榜。明代也是类似，但是老人们并不满意。清代的老年人却不同。康熙三十八年的广东乡试，有一个老人叫黄章，一百零二岁，让他的曾孙举着一个旗子，上面有四个大字"百岁观场"。逢人就讲，我现在一百零二岁，这次考不取下科考，一百零五岁考不上，一百零八岁一定要考取，我要为国家效力。清代这种人非常之多，王鸣盛的父亲就是一个老秀才，王鸣盛做了高官，他的同年去当学政，主持他父亲的考试，对他父亲非常尊重，但王鸣盛的父亲表示不需要关照，要自己念书。清代这种现象和清政府的政策是很有关系的。

清代恩赏制度出来以后，赏举人是实实在在地参加考试，有的还赏进士。福建的一个举子一百岁，在乾隆三十五年的时候赏给他举人。后来乾隆皇帝南巡，到了浙江有召试。他听说了，跟着八十五岁的、九十岁的、一百岁的三个恩赏举人到浙江"迎銮献册"。当时乾隆皇帝非常感动，盛朝人瑞。去年赏给他举人，今年就赏进士，以后不用再考了。山西有一个老人，在山西考试的时候赏给举人，第二年进京参加会试，舞弊被抓了。乾隆皇帝震怒，本来举人就是赏的，居然还要作弊，所以就停了老年人恩赏。后来到了乾隆四十二年（1777）又恢复了。

乾隆皇帝为了体现盛世，他过八十岁生日的时候要找能够亲见四代、五代的老人。恩赏制度自乾隆三十五年开始，第二年广东汇报有十九个老人参加乡试，去年一个没有，怎么今年来了十九个，肯定是假的，造假就要处分。既然有恩赏，为了这个利益就有人谎报年龄。考试都是大岁数往小了报，赏举人是小岁数往大了报。嘉庆时改了条例，原来八十岁赏，改到九十岁再赏举人。结果九十岁还那么多人，和八十岁一样。所以这个现象非常多，不仅广东有，江西、山东很多省都有谎报者。《科场条例》里恩赏老人有条例，一直到光绪年间还在讲如何防止谎报年龄。

谎报年龄只是一时的利益，真正赏举人的、能考上进士的也不多，而且不占别人的名额，每个省是多少名额取完了后赏的。恩赏老人没有名额限制，没有侵占其他人的利益，所以一般人也不告发，而且都是老人，也不容易了，大家都是一种容忍的态度。比如童试中的已冠题、未冠题只是初选录取，最终还要靠学政的提学试，这些都不影响最终名额的产生和分配。所以清政府实际上是一种容忍的态度，老百姓也是一种事不关己的容忍的态度。

乾隆皇帝之所以反对大年龄报小，他担心的是枪手替考。当时关于替考的条例很严格，实际查的不严格。清代科举考试所谓枪手名目非常多，文献记载有"长枪""短枪""内枪""外枪"。"长枪"是找高手代写文章，"短枪"就是差一点的，"内枪"是考场内部的人，"外枪"是外边的。"长枪"还有主考代笔的情况。

还有一些是通过出了事情以后分析的。我们举个例子，我刚才讲到土司，土司是不能参加科举考试的，但是可以申请。土司子弟都可以参加。乾隆四十八年广西乡试的第一名叫岑照，是田州土司岑宜栋的儿子。发榜以后众人哗然，因为这个人读书不怎么样。当时的广西巡抚叫孙士毅，负责监考，他也奇怪，觉得这个人水平没有这么高。一查卷子，这个卷子确实不错。对原卷查笔迹，笔迹也是一样的。再查他录科的成绩，这是参加乡试之前学校有一个像现在高考的资格考试，叫录科。查他录科的卷子，一看笔迹完全一样，水平却大相径庭，实有天壤之别，于是孙士毅就判断出来了，认为肯定有舞弊。他向乾隆皇帝汇报，认为舞弊的一定是下面的人，不是主考，因为如果主考舞弊的话，不会愚蠢到把这个卷子放到第一名。结果查出来，他是买通了一个四川的举人，跟着其他的考官作为随从人员入场，趁着送汤水、送供给的时候进去把卷子给他。人家写好了卷子他照抄的，笔迹没问题，卷子不是他的，最后受到了处分。枪手非常厉害，所以乾隆皇帝非常警惕。对于谎报年龄，在清代虽然有条例一再讲，无非就是强调品行问题、道德问题，并没有认真追查，所以实际上谎报年龄的现象就慢慢地被大家所默认、所接受了，而且这种恶习一直影响到现在。现在凡是和年龄有关、且有利益的就会改年龄，或者改大或者改小。

今天就讲到这里，谢谢！

刘海峰

科举停废110年祭[①]

　　刘海峰，浙江大学文科资深教授、长江学者特聘教授（2011年度）、浙江大学科举学与考试研究中心主任、厦门大学考试研究中心主任，兼任国家教育咨询委员会委员、国家教育考试指导委员会委员、全国"双一流"建设专家委员会委员、国务院学位委员会教育学学科评议组成员、中华炎黄文化研究会科举文化研究分会主席团主席、中国教育学会教育史分会副理事长等。主要研究方向为科举学与高考改革、高等教育历史与理论，是科举学的首创者和高考改革稳健派代表性学者，2005年被新浪网评选入围"年度文化人物"。已出版著作35部，其中个人著作有《科举学导论》、《中国科举文化》、《高考改革论》、*The Examination Culture in Imperial China* 等14部，第一著者或主编出版《中国科举史》等著作21部。在《中国社会科学》《历史研究》《教育研究》等刊物发表论文300余篇，其中被《新华文摘》《中国社会科学文摘》《高等学校文科学术文摘》转摘30余篇，人大复印报刊资料转载70余篇。

女士们、先生们，大家好。今天很高兴能够有机会到国家图书馆"中国典籍与文化"讲座来讲科举停废110周年的问题。中国的科举制在光绪三十一年，也就是1905年的9月2日废止了，到今年是整整110年，这也是一个很值得纪念的年份。科举是一种影响重大，而且利弊都十分显著的考试制度，对它的评价无论是好的还是坏的，争论都很激烈，即使科举在1905年被废止以后，这种争论还是无休无止。

从广义来说，中国的科举制其实从汉代的察举就已经开始了。如果从狭义的、也就是严格意义上的科举来说，是在隋炀帝大业元年，也就是公元605年开始的，到1905年被废止，科举制在中国历史上存在了整整1300年之久。到今年尽管科举已经被废止了110年，但是还不断被人们提起，也经常引起我们的反思。它给我们留下的印象不断在翻新，有的人说它很好，有的人说它很坏，这个评价一百多年来有过一些反复。废科举以后，对科举的评价，我依时间的先后大致可以分为以下三个阶段：全盘否定的阶段；在总体否定中肯定其中某些值得肯定的因素的阶段；在总体肯定中否定其中某些应该否定的因素的阶段。

1905年因为要废科举，所以把科举说得很坏，说科举基本上一无是处。当时认为中国积贫积弱，甚至康有为认为中国的割地赔款都是因为实行科举的八股取士，他当然不是否定整个科举，但是至少否定科举考试的内容和八股文文体。废科举以后，有相当长一段时间科举都被人们认为是一个不好的制度。到后来特别是20世纪20年代，国民政府成立以后重建了文官考试制度，建立了考试院，对科举的认识就慢慢地有了一些比较公平、客观的因素在里面。但是到了1949年以后，我们对科举基本都采取一种批判的态度，把它看成是一种落后腐朽的东西，到"文化大革命"的时候可以说登峰造极，基本上是把它彻底地批倒。到20世纪80年代以后，随着研究环境的宽松，整个学术界对科举的评价慢慢地趋于公平。尤其是在2005年，也就是10年前，中国科举制废止 100 周年的时候，对科举的讨论有一次高潮。或者说在科举百年祭的时候，有一次文化大争论，我认为从那个时候开始逐渐进入第三个阶段，至少在学术界认为科举总体上是值得肯定的。虽然它有很多弊端，但是科举是一把双刃剑，它的利弊都十分显著。从不同的角度看，评价都很不一样，确实是一个"横看成岭侧成峰，远近高低各不同"的制度。

我今天讲四个方面的内容，第一，讲科举在传统社会 1300 年间的地位，也就是它的变化过程。科举是国家取材的第一路，是最重要的途径。第二，简单地评价一下科举的千秋功罪。第三，我认为应该还原科举制的真相。第四，我认为应该替沉默的古人说话。在科举时代我们有很多民族的精英，都对科举有非常中肯的评价，但是在废科举以后，因为以偏概全的宣传，所以到现在在不少人印象中，还认为科举很不好，以为古代大部分人都说科举不好，实际上不是这样的，所以我讲四个方面的内容。

一、科举是国家取人材第一路

科举是国家取人材第一路，这是科举时代的一个说法。其实从隋唐时期，也就是中国科举制的早期，已经对科举制的重要地位有了很多论述。比如唐代就有一种说法："凡国之大柄，莫先择士。"②国家其实最重要的是先选拔人才，人才好了整个国家才能治理得好。而且不仅仅是唐代，一直到明清时期，科场因为连着官场，科场的风云变幻往往与官场息息相关。因此，李弘祺先生在《宋代官学教育与科举》里就提到，科举是"帝制时代中国最为重要的一项政治及社会制度"③。当然，科举不仅仅和官场相关，也和传统社会的文化教育、文风的变异，还有社会的心理、社会阶层流动等其他方面都密切相关。因为科举很重要，科举改革也是这样的，出了科场案，有科举舞弊，都会影响到朝廷高层，有的直接惊动了皇帝本人。科举时代，科举不仅仅是一个教育考试，同时还是文官考试。从考试内容来讲，它还是一种文学考试、经学考试、儒学考试，所以它从考试性质来说非常复杂，影响重大。

科举制在隋唐时期基本是一年考一次，每年都考，像我们现在的高考一样。但发展到宋代，北宋中叶以后间隔时间就比较长了，发展成了每三年考一科。因为首先如果每年考，考上以后要给官职，没有那么多官位给他们任职；其次，每年考的考务量也比较大，以前交通不便，考进士要到京城去考，很不方便，考不上还要回去，回去再回来很辛苦，所以后来变成三年一考。到南宋的时候，宋高宗有一个诏令讲到："国家设科取人，制爵待士，岁月等阴阳之信，法令如金石之坚。"④特别是后面"岁月等阴阳之信，法令如金石之坚"是形容科举制度的重要性和规律性，我觉得这个形容非常贴切。"法令如金石之坚"说明它作为一种制度，制度是非常刚性的，就好像金石一样，是非常坚硬、不可改变的。"岁月等阴阳之信"的意思是每隔三年必定出现一次科举考试，而且考试的时间非常固定。科举考试到明清时候更是进入一种超稳定的阶段，三年开科一次的岁月活动已经成为一种类似于岁月和季节一样轮回的自然现象。科举虽然是一种社会活动，是人为制定下来的时间，但是讲"岁月等阴阳之信"，它就好像自然的规律，像春夏秋冬这样的变化。明清两代五百多年间，它的规律性更强，即使遇到战乱、重大天灾等不可抗拒的变故，一般都在第二年会补开科，或者说异地开科。比如说科举史上最后两科，因为北京的顺天贡院被毁了，但当时还要开科，就改到异地，去河南开科。

明清时候科举制形成非常严整的四级考试，从童生试、乡试、会试，最后是殿试，最重要和最有代表性的考试还是乡试和会试这两个级别考试。乡试是全省考举人的考试，或者说按我们现在讲，是全省的统考，它是由各个省考上秀才的人，经过选拔筛选以后，到省会贡院去考。会试是举人考上以后，愿意到北京参加考试的，在顺天贡院参加考试。乡试、会试非常相似，乡试是每三年的农历八月举行考试，一般都是考三场，头一场是八月初九日，第二场是八月十二日，第三场是八月十五日。会试是在乡试的第二年春天，是在二月初九日、二月十二日、二月十五日，这个时间是非常固定的。五百多年间乡试，它的第三场都是八月十五，就是中秋节这一天，最后一场考完了以后，看到一轮明月，很有氛围。

三场考试内容方面，明清时期大部分考的是以下内容，第一场考八股文，也就是四书五经文，用八股文体来答卷。第二场，在乾隆二十一年（1756）以前，包括整个明代考的都是朝廷的一些应用文，也就是论、判、诏、表等，到乾隆二十一年才有变化。在乾隆二十一年以后，加了试帖诗，考五言八韵诗，不再考论、判、诏、表等。第三场考经史时务策，是策问的内容。五百多年间，这个时间是不变的，所以我刚才讲的"岁月等阴阳之信，法令如金石之坚"，具有高度的权威性和稳定性。

历代统治者也高度重视科举取士，明代永乐皇帝就说："科举是国家取人材第一路，不可滥。"⑤这是选才最重要的一个途径，当然选拔人才不完全依靠科举，在帝制时代也还有其他的途径，比如举荐等，但不是作为主要渠道。民国时期有个叫何刚德的学者曾经说："有清时代，一科举时代也。二百余年，粉饰太平，祸不作者，不得谓非科举之效，所谓英雄入吾彀中是也。大抵利禄之途，人人争趋，御世之术，饵之而已。乃疏导无方，壅塞之弊无以宣泄，其尾闾横绝至不可收拾。末季事变纷歧，何一不因科举直接间接而起？"⑥实际上"科举时代"这个词，后来很多人都用。科举时代的含义虽然以前没人解释，但是我认为科举时代大概是指科举取士非常重要，作为官员选拔的首要途径，科举考试在整个社会上影响重大，而且社会上高度重视或者崇拜科举的一个时代。何刚德讲清代"二百余年，粉饰太平，祸不作者，不得谓非科举之效，所谓英雄入吾彀中是也"，这种选拔机制很重要，就是把非常重要的人才都网罗到统治阶层里面了。当然何刚德也讲到清末因为各种事变很多，这些很多也都是因为科举直接或者间接引起的，这是他的看法。所以科举制度的影响在传统社会中非常重大。

作为国家抡才大典，科举考试具有权威性和严肃性，考官和举子也都高度重视，多数时候科场中秩序井然。在宋代的时候，欧阳修做过一首诗叫《礼部贡院阅进士就试》："紫殿焚香暖吹轻，广庭清晓席群英。无哗战士衔枚勇，下笔春蚕食叶声。"⑦欧阳修是全国的主考官，相当于我们现在教育部分管高考的副部长。"无哗战士衔枚勇，下笔春蚕食叶声。"那些考生在里面答卷，以前都是用毛笔，好像以前那些士兵因为怕出声，"衔枚勇"就是嘴上含着一个东西，这样就不会出声了。"下笔春蚕食叶声"，只听到毛笔在宣纸上写字发出的声音，听着像是蚕在吃叶子的声音。这是形容科举考试非常庄严肃穆，这句诗把答卷时的肃穆情形用非常生动的比喻描述了出来。清朝末年最后一科乡试是在河南举行，当时有一个大臣叫陈夔龙，他负责监临顺天乡试。以前的乡试是非常重要的，清朝末年共有十七个贡院，十七个省同时举行乡试。每个省的乡试主考官是皇帝从北京派的，一般是翰林院的翰林，副考官也是中央派的。当地管考务的人员，最重要的人物通常是这个省的首长，相当于我们现在的省长或省委书记，就是巡抚和总督。陈夔龙当时是总督，就相当于现在的省委书记，进贡院，入闱监临，从进场、命题到发榜出来，头尾大概要有一个月的时间，监临官也至少要在贡院中半个多月。各个省的乡试多重要，这半个多月的时间，省长或者省委书记就在里面，跟外面没有任何的联系。另外，除了省长或省委书记，还有省里比如厅长，许多地级市市长一级的官员都在里面，整个省的其他政务工作基本都停顿，就是为乡试服务。

陈夔龙当时在开封入闱监临，他有一个记载，当时场内考生数以万计。因为乡试都是头一天点名入场，比如初九日那一场，初八日就点名入场，初九日考试。初八日晚上进去以后，每人都拿着灯笼，"堂上堂下火光烛天"。后来开始考的时候，"凡百执事"，就是管理考务的人员，"几若衔枚战士，万马无声"，所有这些考生，上万人没有一点声音，只听到火光有一点声音，这和欧阳修在宋代描述的差不多。1903年是中国最后一科乡试，最后一科会试是在1904年，1905年就废除科举了。尽管科举制在末年已经出现松弛，考风也不如以前了，但是他所看到的场景，仍然说明科举考试在人们心目中还是一个非常重要的制度。他看到的是一个什么场景呢？我想他肯定是站在贡院的明远楼上看的。比如顺天贡院，北京的顺天贡院有留下来一个全图，鸟瞰的一个平面图。（图1）其他省的贡院，基本上没有留下来这么详细的图，但照片还是有的。这种平面图，顺天贡院很有代表性，以前顺天贡院是在北京城里仅次于紫禁城的一个最大的建筑群。各个省的贡院是各个省会的最大建筑群，而且它占据着非常重要的位置。这个建筑中间通常是三层建筑，叫明远楼，周边是每一个考生考试的考场。贡院里面还有考官、工匠居住的地方。这幅大概是1900年前后的顺天贡院，因为它靠近北京的城墙，外国人站在城墙上拍下的顺天贡院，展示了顺天贡院的考试号巷，一间一间的号舍这么排列。从三层楼看

下去，看得比较清楚。（图2）

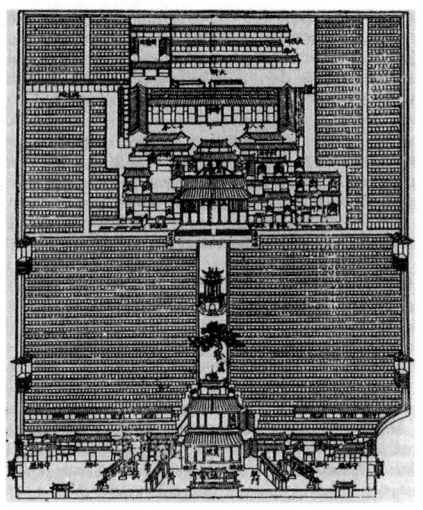

图1 顺天贡院平面图

图2 顺天贡院西文场号舍

到1901年，也就是八国联军打进北京以后，由德国的侵略军带头把顺天贡院毁掉，因为他们知道，科举制对中国读书人来说是非常重要的一个制度，是支撑中国传统社会非常重要的一个政治和文化教育制度。而且在当时东西方文化冲突的时代背景下，西方的传教士想在中国传教，碰到一个非常大的阻力就是科举制度。中国读书人读"四书五经",要参加科举,传教士向中国知识精英传教非常难,只能向那些社会下层没什么文化的人传教。所以,八国联军签订《辛丑条约》的时候,其实想废掉整个科举,后来没有废掉,但是限制了闹义和团运动的这些地方不得举行科举。另外,他们有意识地把贡院拆毁了。

以前科举考试,考完以后都有发榜殿试,在乡试、会试之上就是殿试,殿试只考一场,就是策问。策问不誊录,不像乡试会试都誊录,不誊录的话,书法就变得非常重要。以前殿试流传下来的考卷,书法水平非常高,随便拿出来在当今来讲都可以做小楷习字帖。而且他们不是我们练书法的时候,凝神静气在家里写,而是在有相当程度的焦虑状况下写的。桌子椅子也都不是最舒服的,考生要适应考场的这种情况,他们的水平是非常高的。

关于科举制,以前有很多的戏说或者反说,反说就是彻底否定科举,戏说就会把它说成某个皇帝看到那个人的名字特别好,就把他点为状元,看到谁相貌不好,就把他贬掉。还有一个流传最广的说法,就是最后一科科举考试,也就是1904年在故宫保和殿举行殿试,殿试完以后,考官评出来的卷子名次是这样的:朱汝珍、刘春霖、张启后、商衍鎏。发榜出来后,名次发生了变化,刘春霖状元,朱汝珍榜眼,商衍鎏探花,张启后传胪。因为按以前的制度规定,从宋代开始基本上就形成了,到清代非常严密,考官评完卷以后,要把前十本的殿试卷拿给皇帝,由他来最后决定。因为名义上殿试是皇帝来主考的,实际上评卷是由一般的主考官去评卷,但皇帝是主考官,至少名义上是可以任意调动顺序的。戏说的说法是,慈禧太后看到这个排序,朱汝珍第一,就很不舒服。据说她害死了珍妃,看到"珍"字心里就有鬼,而且一看籍贯是广东人,清朝末年从洪秀全到康有为、梁启超、孙中山全是广东人,所以广东人是最让她讨厌的。再看第二名刘春霖,1904年整个北方大旱,普降的甘霖多好,而且刘春霖的老家还是河北肃宁,当时东北变成日俄战争的战场,边疆不宁,如果是肃宁,寓意很吉祥,所以就把他调到了第一名。朱汝珍原来第一名,结果被调成第二名,商衍鎏原来是第四名,最后和第三名对调。但这是戏说,不是一个真实的事情。为什么不符合历史事实?最主要是因为卷子不是送给慈禧太后看的,慈禧太后虽然垂帘听政,但是光绪皇帝被软禁起来也依然是皇帝，所以这个卷子按制度是呈给光绪皇帝看的。还有一个更重要的问题，因为当时的制度规定，虽然殿试卷不誊录，但它是密封的，看不到考生的姓名和籍贯，看到的卷子只能看到书法。刘春霖的字确实是最好的，我们现在看得到一些朱汝珍和刘春霖的字，比如民国时期刘春霖写的字帖，是供人家习字用的，可以看出他的字写得非常好。我看过很多印出来的殿试卷，大概小楷字体、馆阁体，刘春霖是最好的。在民国时期，刘春霖主要以卖字为生，而且当时有一种说法，叫作"大楷颜真卿，小楷刘春霖"，练小楷学刘春霖的字帖就好了。估计光绪皇帝看到他的字特别好，所以把他调为第一。那朱汝珍的字在现在看来，也是很好，但跟刘春霖比还是略逊一筹。

最后一科考完以后，到1905年皇帝就下诏终结了科举制。1905年废止科举制是中国历史上最重大的历史事件之一，关系到中国帝制的终结，实际上也影响到辛亥革命的爆发，还影响到科举政治的转换、传统文化的衰落、儒家经学的断裂。其实科举制以前曾作为儒家经学制度化支撑的一个非常重要的方面，科举制废除后，过去传统的学问，包括儒学，都失去了制度化的支撑，出现了严重的问题，或者我们现在称为"文化断裂"。所以即使是在1905年，当时其实也有部分能看出问题的人说废科举这件事"关系社会者至深，社会行科举之法千有余年，其他之事无不与科举相连，今一日举而废之，则社会必有大不便"[8]。一定会出现很多问题，甚至预料到"废科举设学堂之后，恐中国识字之人必至锐减。而其效果将使乡曲之中并稍识高头讲章之理之人，而亦无之。遂使风俗更加败坏，而吏治亦欲不易言。则于立宪之途更背驰矣，此又急宜加意者也"[9]。这个预料是对的，实际上到20世纪二三十年代，中国很多地方的识字率反而不如科举时代，因为没有以考促学的动力了。而且当时要设的学堂，特别是大学堂更不用说，即使是中学堂，大部分都在县里面或者是都市里面。我们现在的大学大部分是在省会以上城市，当然慢慢向地级市有延伸。但是在民国时期，这些高等学校基本上全部设在省会以上城市，原来在乡间读书的那些人就必须离乡背井，脱离农村，所以发生了一系列的社会问题。当然废科举为近代新式学堂的兴办开辟了道路，废科举主要是为了新学堂,但废科举这件事情影响很大。今天我们在废科举110年以后来重新回顾,也有很多值得讨论和反思的地方。这是我谈的第一个问题。

二、科举制的千秋功罪

一部科举史,就是一部1300年中国知识分子的竞争史,一部士人的喜怒哀乐心酸史,一部科举精英人物的发家史,也是一部中国古代文明的兴衰史。经过1300年的持久实行,科举对传统社会的文化教育、官僚政治,包括社会历史的发展进程都产生了非常重大而深远的影响。科举在中国已经成为一种在历史上留下深刻印记的考试制度,一种中国帝制时代具有代表性的文化符号。科举制在中国传统社会是非常重要的、居于核心地位的一种制度。科举也可以说是一把锋利的双刃剑,它的积极作用和消极影响都十分显著。我在这里把它概括为四个方面。

第一,维护统一与压抑个性。科举是一个大规模的统一考试,即使乡试是分省考试,但是它采用的是相同的考试教材,比如说儒家的"四书五经"。考试文体和考试时间是全部统一的,就像我们现在的高考,比如说原来有十六个省市单独命题,但是教材基本是统一的,考试大纲也是统一的,这使全国各地统一意志、统一步调、统一行动。所以科举既是中央集权的产物,同时又是维护国家统一和巩固中央集权的一种制度的保障。科举制在维护统一方面应该说是很重要的。

全国各地的精英人才如果要考进士,一定要到京城来。在隋唐时期,必须跑到长安去。到明清时期,必须到北京来。各地的精英人才经过长途跋涉,远的少则一两个月,长途的有一些比如说云南,要用四个月车马兼程。不像我们现在的交通,以前任何一座大山都是没有隧道的,一定要爬山越岭、通过关隘才过得去。任何一条大河都要摆渡,中等的河流也没有桥,只有很小的河才有桥,而且有时候走到摆渡的地方,正好是"野渡无人舟自横",要等有人来摆渡。所以以前交通很不便利的时候,如果没有科举,这些知识精英的流动就没有这么充分。全国各地精英人才集中到京师与考,这种聚会使各地声气相通,各地举子赴考期间可以互相观摩比较、学习竞争,进而达到融合同化。尽管中国领土辽阔、方言众多、风俗各异，且中国人地方观念相当重，但若想中举及第，就须研读相同的儒家经典，使用同一种文字写诗作文，也就必然使文化趋同划一。以前很多的方言隔一座山就不同，像福建、广东到现在还是这样，但是福建人、广东人到北京来，考上了进士，你跟他讲话听不懂，他不会官话，可是你要他写诗作文，他跟你是一模一样的，押韵、平仄是一样的。所以科举考试在文字上、文体上，还有知识和思想方面是统一的，这对维护国家的统一很有好处。

另外，科举时代虽然在唐宋时期都完全是自由竞争，没有分区定而取人，在中央一级录取进士方面，到后来明代开始实行南北卷，到清康熙五十一年（1712）以后，更是实行分省定而录取。这种定额录取是根据各地户籍多寡和文风的高下来规定的，而且有意地照顾边远省份和少数民族地区，增加了这些地区和民族对中央政府的向心力。就录取指标来说，比如说清代福建省的乡试中额，包括进士录取指标，对台湾地区的举子就相当的优厚。台湾地区当时因为刚开化，完全看成绩来决定的话，他们的文化水平跟福建其他地区比确实还有一定差距，所以就有专门的照顾，比如说专门设立了"台"字号，把考卷密封起来以后编成了台字号。台字号的会试考生只要积满10个，就可以考上1名进士。这比其他地方优厚很多，能够使边远地区和少数民族地区增强对中央政府的向心力，有利于国家的统一和民族凝聚力的加强。

清朝末年最著名的一个美国在华传教士丁韪良，他长期担任京师同文馆的总教习，也就是校长。后来京师同文馆并到京师大学堂成为译学馆以后，他还成为京师大学堂的总教习，也就是一度当过北京大学的校长。丁韪良是一个中国通，很会讲中文，写汉字，讲官话。他说："尽管具有其缺陷，科举制对维护中国的统一和帮助它保持一个令人尊敬的文明水准，起到了比任何其他制度更大的作用。"[⑩]他就认为科举考试其实对维护中国统一至关重要。当然，我们讲科举考试在维护统一的同时，也有其弊端，比如压抑了求异思维。因为它是一个统一考试，必须要用统一的评分标准，或者标准答案。这种大规模考试，在贯彻公平选才的同时，基本没办法测试个性独特以及某方面具有特别专长的人，容易抑制求异思维。而且考试内容是固定的，必须是以"四书五经"的儒家经义为准，特别是以朱熹的《四书章句集注》为标准，不能有所变异和自由发挥。另外作八股文规定要以古人的语气，代圣贤立言。如果想中举入仕，就必须放弃自己独立的思考附议儒家的学说，臣服于当朝的统治，否则在修、齐、治、平几个阶段，最多只能做到修身、齐家，没办法达到治国、平天下。想实现政治抱负，要入仕当官，能够有文化和政治方面的作为，就必须遵从这一条道路。所以这种统一考试在一定程度上抑制了士人的自由思想和发散性思维，不利于发明创造和学术的多元化，科举考试这方面的消极影响还是很明显的。统一考试有点像压路机，会把其他一些不平的东西全部压掉，必须服从它。

第二，普及文化与忽视科技。科举时代流传了很多童蒙教材，比如说《三字经》《百家姓》《神童诗》《增广贤文》等。其中流传很广的一句是："满朝朱紫贵，尽是读书人。"这种客观事实自然会使人们相信"少小须勤学，文章可立身"，"少壮不努力，老大徒伤悲"，这些格言其实都是劝大家要读书应举。而且科举时代屡见不鲜的、非常具有戏剧性的中举效应，使许多人确实相信宋真宗《劝学诗》里面说的"书中自有黄金屋，书中有女颜如玉"。我们每个人都读过《范进中举》的课文，范进可以说极为贫穷，家里几乎是一贫如洗，就剩下一只老母鸡，也要去卖掉。可是他考上举人以后，可以说马上换了人间，天地为宽，他的命运立马发生了天翻地覆的转变。亲戚不是亲的也来认亲，又有人送房子，又有人送钱，要跟他搞好关系，进行感情投资，或者我们讲积累社会关系，希望他将来飞黄腾达的时候，至少是心理上让人感觉到有一个靠山。所以这种中举的戏剧效应就是可以通过考试改变命运，社会下层可以通过考试进入到社会的中上层。科举取士的利诱或激励机制，有力地促进了社会上重学风气的形成和文化的普及，推动经学、史学、文学和书法艺术高度繁荣。由于科举考试以儒家经典为依据，科举为儒学的传承、繁衍和普及起到了任何其他制度无法相比的作用。1300年间，中国以经术取士，造就了一场旷日持久的读经运动，使古代中国成为儒学社会。又因为以文取士，使科举时代的中国传统社会成为读书至上的诗书社会，或者说是一个朝野尚文、大多数读书人皆能吟诗作文的文学社会。它既是一个儒学社会,也是一个文学社会,至少在知识阶层里面大部分人对经学和文学都有相当程度的掌握。

科举对中国古代文化也有相当消极的影响。当整个精英阶层,他们的才学都用于诗赋经义的时候,科学技术相对地会被冷落。在一定程度上使中国古代人文学科高度发达,而自然科学技术不易发展,当然我讲的这只是一定程度上。中国科技以前是在世界上领先的,为什么在明清时候慢慢落后于西方?林毅夫等学者以及前人说主要是因为科举制。其实我准备写论文对此加以商榷,我认为主要不是科举制,主要是中国人传统文化的整个思维方式。我在十年前的一篇文章《为科举制平反》里面已经专门对此做了初步的辨析,这与科举制有一定关系,但不是主要原因。为什么不是主要原因?因为即使没有科举,中国人也不会把精力用到自然科学方面去。科举制出现之前,知识分子就没有将心思用到自然科学方面去。元代有三十六年没举办科举,那些读书人就去吟诗、作赋、画画了,因为我们的文化不会让他去做那些被当时人认为是奇技淫巧、工匠类的东西。

第三,贤能政治与做官第一。科举制是选拔优秀人才来治国,也就是选拔贤者、能者、有才学者来治理国家。通过一个公平的程序,用择优录取的办法来选拔人才,至少在程序上为所有考生提供了公平竞争的机会。虽然有的人因为身家不够清白,或者是其他原因,可能不能参加考试,但是科举对绝大部分人是开放的。世家大族没办法垄断仕途,因此中国有一种说法叫作"富不过三代"。如果世家大族的子孙考不上科举,家道可能就会中落,所以要维持他们家族的繁衍和比较高的社会地位,一定是继续通过科举来实现。所以,这样就会促使全体士人都认真读书,提高自己的文化水平,选拔上来的大部分都是比较优秀的人。即使比较贫苦的人,有资质的或者聪颖的孩子也因为当时的机制,有一些族学、义学支持他们读书。整个家庭或者家族能够出一两个读书种子,支持他考上以后,对整个家族都有好处,所以传统社会流传非常广的诗句"朝为田舍郎,暮登天子堂",典型的描述出一种社会阶层的流动。科举考试促进社会阶层流动的机制是非常强的。

在科举时代,实行精英治国或贤能治国体制,能否当官以才学为依据,这就跟科举之前的世卿世禄,或者九品中正、荐举察举是大不一样的。中国自古以来就有这么一种说法:"学,则庶人之子为公卿;不学,则公卿之子为庶人。"⑪科举考察的主要内容就是才学,你能不能掌握这些知识,能不能用很优美的文字、很好的文体把它表现出来,体现出一个人的才智水平和学识高下。科举考试,选拔的是精英治国,当时的理论就是学而优则仕,科举制度把儒家学而优则仕的理念制度化,实行精英治国,或者贤能治国。由于任官授职是有比较刚性的资格标准,保证了政府官员具有较高的文化素质,可以说在相当范围内减少了买官卖官、任用私人的机会,至少在政府机构的入口处限制了植党营私的机会。

另一方面,由于科举制为士人开放了入仕的机会,因此使官僚政治得到强化,使"做官第一主义"在中国根深蒂固。科举制的长期实施,使广大读书人相信举业至上,养成了对当官的向往和迷恋心态。科举制客观上帮助了唯书、唯上的心理定势的形成,这对中国社会有着长远的消极影响。1905年废科举以后,有相当长一段时间中国法政专门学校和学生数特别多,不管是公立还是私立。在1909年以后,一直到1915至1918年这一段时间里面,法政专门学校和学生数占了全国各类学校和学生数的一半以上,单单一种科目、一种学校就这么多。当时还有师范学堂,农、工、商各种各样的大学堂,而一种法政学堂就这么多,是畸形发展,这也说明传统社会的科举考试在一定意义上是法政考试。

第四,鼓励向学与片面应试。科举考试具有强大的以考促学的功能,政府利用科举吸引社会各方办学,调动民间办学的积极性,可以说减省了政府财政开支,尤其是基础教育的支出。中国传统社会的基础教育,私塾启蒙教育都是民间的,官方从来不出钱。官方办的都是官学,一般都是府州县学,或者是中央的国子监,大部分书院、私塾都是民间办的。政府负责考,民间负责学,所以科举鼓励向学、以考促学的功能很强大。科举起码在数量上促进了私学的发展,扩大了教育范围,打破了世族、官僚垄断教育的状况,促使教育机会下移,而且养成了中华民族重视读书的传统。我们中华民族到现在仍然是世界上最重视教育的民族之一,我们华人的子女,即使移居海外也一样重视教育甚至过度重视教育,这已经渗透到他们的基因里。像美国的虎妈蔡美儿就是一个典型，逼两个女儿拼命读书，结果都很成材。她祖辈很早就移民到菲律宾，爷爷辈已经移民到美国去了，从中国出去的不知道多少代了，可还是这么重视教育，比其他一些民族明显更重视教育，这和中国科举时代重视读书，"万般皆下品，惟有读书高"的传统是相关的。

北宋的苏辙说过一句话："凡今农工商贾之家，未有不舍其旧而为士者也。"⑫我们传统社会是四民社会，也就是士、农、工、商，这四个阶层是非常鲜明的。"士"就是读书人、知识分子，农工商家庭，只要他的孩子有一线靠读书能够出头的希望，大部分就是"未有不舍其旧而为士者也"。我们现在农村的孩子有一线希望能够考上985或是一本大学，家里砸锅卖铁也让他读，这个观念是一直传承下来的。所以洪迈在《容斋随笔》里就讲到："为父兄者，以其子与弟不文为咎；为母妻者，以其子与夫不学为辱。"⑬读书应举实际上成为一种社会风尚，这种风气的长盛不衰有力地推动了教育的普及和文化的发展，所以当今中国成为世界上最重视子女教育的国家之一，这与科举时代形成的重学传统是密切相关的。但是，我们也看到了它的弊端，就是重视读书应举的同时，也造成了过分重视考试结果的功利主义的教育价值观。当时科举不仅成为教育的手段，也成了教育的目的。考什么我就教什么学什么，不考什么，我就不教什么不学什么。许多举子读书的唯一目的就是应举、应试，各级学校多是片面追求中举及第率。为了在激烈的科举竞争中获胜，许多人便是三更灯火五更鸡，只重视文化学习，很少顾及身体的锻炼，养成文弱的体质。即使在智育方面的学习，往往是揣摩科场文体的应试技巧。我们讲现在应试教育的应试风气，在科举时代也是非常盛行的。而且由于这种非常功利的应考之风，到清朝末年使科举制的选拔功能逐渐下降，后来在欧美坚船利炮的冲击之下，科举制在1905年走到了穷途末路，最终被废止。

废科举是一件已经过去的事情，但是有些西方学者，比如威尔杜兰，他在《世界文明史》中发出了很大的感慨，说科举制的废止实在是中国文化的不幸。

三、还原科举制的真相

　　由于多年的宣传灌输,包括清朝末年为了废科举以偏概全的否定以及矫枉过正,所以一百多年来,科举制在很多人的心目中成了一个负面的、腐朽的、落后的东西。甚至在1998年,北京华侨出版社出了一套《黑二十四史》,请一些人编一个个专题史,第五辑包括:缠足史、宦官史、盗墓史、科举史、酷刑史。到了20世纪90年代末,还把科举和泯灭人性的缠足放在一起,他们把科举看作是绝对负面的。我认为科举实际上长期已经被妖魔化,亟需还其本来面目。

　　我在二十几年前就发表文章,逐渐地提出为科举制平反,十多年前,我也发表过一篇论文,题为《知今通古看科举》。我认为科举制本身不一定是坏的,把科举骂成罪大恶极,实在不够全面客观。"科举"是一个含义非常丰富的词语,远非以往的"恶谥"那么简单,我们不应将其看成一个贬义词,而至少是一个中性词。其实在我心目中,它还有一点褒义。所以,这些年我们教育史学界、科举学界,有一些人称我为"刘科举"。因为我一直研究科举,发表的科举研究论著最多,所以叫我"刘科举"。我有篇论文题为《为科举正名》,既然叫我刘科举,我就一定要为科举制正名,不然人家叫我"刘科举"等于是在骂我。十年前我曾经发表了《为科举制平反》一文,当时里面有一些论证,大家到网上都可以搜到很多。我认为:有科举制度会造成很多问题,但没有科举制度则会出现更多的问题。科举是有不好的方面,但在中国传统社会,如果没有科举会出现更坏的情况。就像我们现在的高考,高考是有很多弊端,但是没有高考一定会有更多弊端。中国自古以来就是一个讲究人情、关系和面子的社会,如果没有考试这种刚性的制度来制约,人情一定会泛滥,社会会陷入无序。古代的科举是起一种把关的作用,现在的高考,也是在高校的招生入口处,起到铜墙铁壁的作用。如果没有高考,那些名牌大学招生一定是有利于有权有势的家庭。《为科举制平反》这篇文章当时还被《新华文摘》全文转载,到2005年末,新浪网有一个年度文化人物的投票评选,我也在12个人之列,里面解说词说:"一篇《为科举制平反》,让许多人认识了刘海峰。"过了十年，我今天再写，其实还要在为科举制平反的基础上进一步深化，我认为偏见比无知离真相更远。

经历过以往中学教科书中《范进中举》《孔乙己》的宣传灌输，科举给人们留下的多是坏印象。然而，文学作品不等同于历史事实，"范进""孔乙己"等虚构文学人物的可笑，不应掩盖苏东坡、林则徐等真实进士群体的可敬。对《范进中举》《孔乙己》课文的解说，我认为到现在逐渐在改变，但是还不够。我讲偏见比无知离真相更远，远在哪里？以前乡间不识字的老人很多，他们没上过中学，没读过这些课文，没被灌输一些科举不好的思想，他们对科举是很朴素的认识，认为科举是好的，也许不懂什么叫科举，但知道什么叫考秀才、考状元，因为我们以前的民间戏曲、故事流传下来的有太多有关状元的。而这些戏曲、故事许多都是"私定终身后花园，落难公子中状元"，穷苦书生通过考试可以改变命运，可以娶到他喜欢的女子，那这个不是很好吗？大家认为考秀才、考状元有什么不好的？可是经过教科书的宣传，中学生都认为科举不好。

一讲科举，大家脑子里想到的就是范进、孔乙己，其实范进、孔乙己是虚构出来的人物，当然它反映了历史真实，也不是完全的凭空造作，当时的历史条件下确实有类似范进或者孔乙己这样的人物，只是文学加工后再提炼。但是，我们更应该看到还有成千上万的优秀科举人才，这是真实的历史人物。我们不说几十万的举人，进士就有十万以上，而在我们中华民族历史上，1300年间大部分政治家、文学家、教育家都是进士出身，包括苏东坡、欧阳修、韩愈、柳宗元这些进士。我曾经对《辞海》的中国古代文学家分册做过量化统计，从隋唐到明清1300年间，有56%的文学家是科举人才，进士出身。如果把宦官、和尚，或者女文学家排除在外的话，因为他们不参加科举，其实科举人才的比例更高，超过50%我们就可以下定论说：古代从隋唐到明清，大部分文学家是进士出身。可是，因为以前的片面宣传灌输，造成很多人不知道历史事实，甚至中文系的学生读了四年不知道从隋唐到明清文学家大部分是进士出身。中国古代教育史专业毕业的硕士、博士，都不知道从韩愈、朱熹到蔡元培，这些著名教育家都是进士。我举这个例子，大家可以想见，多少人被以前片面的宣传影响了，我们现在急需还历史的真相。所以我说，包括清官、民族英雄，从包拯、海瑞到文天祥、史可法、林则徐，他们都是进士，可是过去我们的脑海里面就是范进、孔乙己。如果说科举选拔的人都是庸才，都是没有真才实学的人，你叫苏东坡、欧阳修怎能瞑目？你叫林则徐、史可法情何以堪？所以我说需要还原历史的本来面目。

为科举制平反，需要以一定形式复活历史、再现历史，回到历史情景中去。在交通不便的古时候，为了实现治国、平天下的理想和抱负，或者为了出人头地、光耀门楣，许多人寒窗苦读十年，不畏旅途的艰难险阻，长途跋涉几个月到京城赶考，这需要很大的毅力。他们确实是抱着修身齐家治国平天下、造福百姓、实现自己抱负的理想的，对他们读书应举，我们不应该都否定。如果这些人没有坚强的毅力，没有坚定的信念，是不会这样长途跋涉去参加科举的。有的人一次次考不上，还去考。在唐代，比如福建有考生在长安，甚至十年没回家，因为路途太远了，他就是为了应举。追求学问也好，追求功名也好，这真的是一种很坚强的毅力。

我们现代人任意剪裁历史的典型例子，《儒林外史》是最简单的，《范进中举》就是从那里面摘出来的。《儒林外史》一书确实讽刺、批判了一些科举时代的应试现象，但是只要我们不是戴着有色眼镜来阅读这本书，便可以看出这本书对科举的态度不是单纯地批判，其实对科举也有所肯定。我后来认真读了这部书。清代的《儒林外史》有各种抄本和刊本，有五十回抄本、五十六回刊本、六十回石印本。1954年以后，有人整理出版了一种五十五回本，这是历史上没有的。为什么会出现一个五十五回本？五十六回本中的最后一回，讲到这些人物到后来都中了进士、翰林的"幽榜"，当时认为跟吴敬梓反科举的思想不符，整理者自认为是后来人随便加上去的，所以出版时把它删掉了，这是一个典型的用我们现代人的尺度来剪裁历史的做法。事先认为科举不好，所以吴敬梓既然是反科举，那为什么最后各个人物都考上进士了？于是删除最后一回。这是把自己的观点强加在古人身上，任意剪裁历史。从第五十五回的内容来看，它并不是全书的结尾，而第五十六回才是一个全书的收结，是不可缺少的一个部分，这也有其他学者分析过。20 世纪

80年代以后，大家慢慢地冷静下来，就把第五十六回补回去了，现在出版的《儒林外史》都有五十六回。所以这只是举个例子，说明以前是先入为主的认为科举不好，所以才把第五十六回删去。在废除科举以后的很长一段时间里，我们都习惯于对科举进行有罪推定的套路。就像刑事司法里，认为他有罪，然后再来找有罪的证据，我们在20世纪80年代以前很多的做法也是这样。

我认为科举制虽然在清末被废止了，但不能因此对它采取有罪推定的办法，并且以论带史，去寻找科举身上值得批判的东西。以前我们在文学史、教育史里去找历史上谁批判了科举，顾炎武批判了八股文，就把他提到很高的地位。可是历史上还有更多人讲科举好的方面。欧阳修说科举"无情如造化，至公如权衡"，把它抬得非常高。魏源也说科举非常好。戊戌变法失败后，梁启超去了日本，他对科举制冷静反思以后，痛定思痛，认为中国应该恢复科举。这些评论我们在教科书上看不到，但是，科举时代多数人是高度肯定其公平性和选拔功能的。有人曾说："自制科取士以来，名臣良吏，多出举业，扬名荣亲，道无逾此。"⑭最好的官员、著名的大臣大部分都是从这里选拔出来的，从隋唐到明清，大部分科举人物对科举制是持肯定态度的。《范进中举》的作者，是一直考不上举人、多次落第的吴敬梓。鲁迅写《孔乙己》对科举有很多批判，当然他的批判很多是正确的。但我们也要认识到，鲁迅的祖父周福清是一个科举作弊者，案发后家里被抄，他自己也被判刑。就是因为他作弊违反了公平竞争的原则，所以家道中落，出现了一个重大家庭转折，这对年轻时候鲁迅的心态也是有影响的。

我们应该看到，1300年间中国历史上重要的文化成果，有很大一部分就是科举人物的贡献，否定科举制，将与肯定韩、柳、欧、苏等著名科举人物产生悖论。要总结与弘扬优秀的传统文化，科举是一个绕不开的重要元素。比如我们的著名典籍，从宋代的《册府元龟》《太平御览》，一直到明清时期的《永乐大典》《四库全书》《古今图书集成》。我们今天在国家图书馆作报告，讲到这些中华历史上的著名典籍，成套的皇皇巨著全是进士人物主持编纂的，这些都是我们民族文明史很重要的部分，其实都是科举精英人物的贡献。我们现在要了解这部分，还原历史的本来面目。

中国现代思想文化舞台上许多一流的人物都不同程度地论及科举，因为科举影响非常重大，非常广泛，包括梁启超、孙中山、蔡元培、鲁迅、胡适、顾颉刚、毛泽东、陈寅恪、钱穆等等。在科举制的评价中恶评与好评反差极大，评价最高的，我认为是孙中山。孙中山说："自世卿贵族门阀举荐制度推翻，唐宋厉行考试，明清峻法执行，无论试诗赋、策论、八股文，人才辈出；虽所试科目不合实用，制度则昭若日月。"⑮他还有很多的言论，比如说现代各国的考试制度都是学英国的，穷源溯流，其实英国的考试制度还是从中国学过去的。所以，中国古代的考试制度，就是当时用以选拔真才最好的考试制度。所以他提倡五权宪法，要讲究考试权。这是私人谈话里面的记录，他讲得更彻底，连八股文都说很好，人才辈出，而且"制度则昭若日月"。这是对科举制的肯定，所以他当临时大总统的时候，就说任官授职，必须要用考试来排除私人因素。

20世纪80年代以后，尤其是2005年以后，学术界对科举的评价已经越来越客观，而且越来越接近历史的真相。学术界的看法慢慢扭转过来了，可是社会上由于受以前多年的宣传灌输，对科举的认识还深受过去长期片面批判的影响，对科举的印象还比较负面，仍然需要一个过程，才有可能在大众的心目中还原历史的真相。曾几何时，书院也是一个非常负面的名词，在清朝末年，书院被看成是旧学的堡垒，学堂才是进步的象征，所以书院在1901年被彻底的否定。书院的命运其实和科举类似，"文化大革命"中书院也是负面的名词，现在已经反过来了，还出了四大书院的邮票。现在我们都把书院看成是国粹了，科举其实也需要经过这么一个过程。但是这个过程比较缓慢，因为科举的利弊影响比书院大得多，它的消极影响很明显，积极影响也很重大。

四、替沉默的古人说话

要想还原科举制的真相，我们应该试图重构科举场景，还原科举情景。不要再与古人为敌，而要与古人为友。我们需要走进历史时空，走近古人，与那些文化巨人对话，深入他们的心灵，倾听他们的声音。比如说，与苏东坡、柳宗元、欧阳修对话，他们有很多关于肯定科举的言论，以往我们都看不到，或者说看到了，以前也不便把它展现出来。历史已逝，我们现代人的身体已不可能回到古代，但思绪和目光可以进入古代，追寻古人的足迹，与古人神交。不薄今人爱古人。我们现在翻开一本本科举时代流传下来的线装古籍，阅读一篇篇关于科举的策论文赋和笔记故事，有时仿佛能够走进古代中国，走近科举人物，并与他们对话，了解他们的所思所想，感受古人心灵的律动和思想的起伏。经过一番精神行走之后，回转身来，再看看我们现代人对科举的认识，以及许多强加给古人的批判科举的观点，这时，我们可能感觉到自己背后站着成千上万进士出身的文化先辈。

我个人研究科举快三十年了，我自己觉得有一种使命感，有责任替他们这些被误解的沉默的大多数发声。以前我们的教材全是说谁谁批判科举，但是那么多科举精英说科举的好话，全部被埋没了，他们成为沉默的大多数，所以我说要替沉默的古人说话。类似这样的书里面，只要是科举的书，无论是乡试录、会试录、登科录、进士登科录，还是什么同年录，它们的序言、应试的教材、辅导书这些，大部分对科举称赞有加。有些是备考的读物，有些是考上的人编写的。我们触摸这些线装书，仿佛能感觉到古人的手泽，甚至体温。我自己也收集了很多科举文献，都是以前读书人备考的，或者是考上的人用过的书。走进古代中国，我们能见到认真备考的白居易、韩愈；能遇到赶考路上的王安石、苏轼；能看到正在激烈辩论、争论科举改革的欧阳修和司马光。可能目睹文天祥中状元的风光，张居正进士及第的得意，以及吴敬梓屡试不第的无奈，包括蒲松龄的不满。因为录取人数有限，考不上的人当然还是大多数。当我们看了大量古人关于科举的记述，触摸历史的脉动的时候，听到古人的声音，感受到他们及第后的欢欣与愉快，落第后的痛苦与无奈。看到许多进士在抵御外敌时大义凛然、视死如归的记载，我们可以感受到他们心中的精忠和信义。

在南宋末年、元代末年、明代末年，那些为报效国家甚至不惜以身殉国的人物，很大一批是进士，因为他们受儒家文化的影响，精忠报国的思想根深蒂固。所以南宋末年的陆秀夫背着皇帝跳海自杀，免得大宋朝廷再次出现靖康之耻。如果不是他背着皇帝跳下去，可能整个皇族真的会再次被抓走。甚至元代蒙古人后来也实行科举，到朱元璋发动起义灭掉他们的时候，真的能够捍卫朝廷的人中，很大一部分是进士，这些进士大义凛然的精神很值得我们敬重。

当今，在民族文化自觉、弘扬中华优秀传统文化的大背景下，我们不应再让科举制长久蒙冤，不应再让科举人物长期失语，而要替沉默的古人说话。如果无视众多优秀人才是进士出身的事实，说科举选拔出来的人才都是庸才、蠢材，这是说不过去的。古人已经作古，当然不会说话，受到后人的误解或者有许多委屈也无法申辩，只有沉默。但是，历史真相遮蔽得了一时，却遮蔽不了永世。古人留下的文字，以及进士们彪炳史册的业绩无法抹杀，到一定时候，被冷落多年的、肯定科举的文字迟早会被人们重新提出，其冤屈总能够得到申辩。我觉得，在科举制废止110周年的时候，更应该提出这个问题。我们可以将科举人物定性为是中华民族历史上的精英群体之一，因为1300年间大部分文明成果是这些人创造出来的。既然文学家大部分是进士举人出身，当然大部分诗文也是他们写的。从数量上来讲，精英群体数量少、层次高，产出的东西多。第一，因为科举时代考试录取率很低，清代许多省的乡试录取率只有1%~3%，一旦中举及第，立即成为社会的精英阶层。高考录取率最低是1977年，也就是我高考考上厦门大学那一年，那时是4.8%，是中国高考60多年历史上录取率最低的。现在的高考录取率大部分省都是80%，有很多地方超过90%。所以范进中举以后为什么会高兴到发疯？为什么会出现这么大的中举效应呢？因为实在太难考上了，喜极而疯的原因是只有1%多一点的录取率。

我自己做过不少研究，但对于清代乡试录取率没有精力统计很多，只统计了康熙五十年至乾隆三十九年（1711—1774）的四科，还有一些参加考试的考生具体数字，比如说《福建乡试录》的前序里面讲到这一科有多少人考，这一科是9300人进场，录取99人，这些都有案可查，具体名字都有，录取率是1%略高。各省当然略有不同，江南的竞争更为激烈，录取率比1%还低，最高的也就是2%~3%，大部分地方是1%略高。除了边远地区，比如说贵州、云南那边可能好点，所以要考上是很难的。考上秀才就很难，考上举人更难。进士还要千里迢迢跑到北京来考，有的考了多年考不上。中进士的比例大概是5%~6%，还是高一点，所以最难的是乡试一级的竞争。

第二，无论是从政治事功、文学创作方面，还是从教育事业、文化繁荣等方面来看，进士等科举人物都做出了重要贡献，自然属于传统社会的精英人物。美国普林斯顿大学东亚系的讲座教授艾尔曼，他是接余英时的讲座教授，在西方汉学界具有很重要的地位。艾尔曼教授在前几年接受一个访问，他的观点我觉得很有道理。"虽然中国的科举制度在1905年被废除了，这种传统却以另一种方式被传承下来。如今各个国家普遍设立考试制度，这是从以前的中国科举制度转变而来的。尽管其内容改变了，但它的技术、方法和规制都被延续了下来。从这个方面看，我不赞同科举制度是落后的这种观点，我认为它是进步的，只是到了清朝末年，大家都把它与清政府联系在一起，因为清政府是腐败的，所以与之有关的东西都要废除。现在我们可以看到，在科举考试被废除后，考试制度还是得到了继承，如孙中山时期的考试院，实际上是把科举制度现代化了。以科举为主的考试制度实际上是非常有意义的。"所以他讲："我们要多了解其作用，并给出它一个新的评论，而不是全盘否定，认定它没有价值。"⑩2012年我到美国访问的时候，他邀请我去普林斯顿大学东亚系演讲，讲科举学。科举制废除100年的时候，我曾邀请他来参加在厦门大学举办的首届科举学会议。艾尔曼现在应该是西方汉学界对科举研究最多的一位学者。

我认为评价科举制这么一个具有世界影响的制度，评价废除科举这么一个重大的历史事件，不能就事论事，只局限于中国近代教育史或中国历史的范围，而要放宽视野，把它置于整个世界文明发展史的更广阔的范围来考察。科举不仅对我们的社会历史进程有影响，而且曾经影响过东亚周边的国家。比如日本在7世纪至9世纪实行过200多年的科举，后来因为幕府强大，像我们的藩镇割据，科举就没落了。但是韩国从958年开始实行科举，一直到1894年日本占领朝鲜半岛才中断，实行了900多年。越南也实行了700多年的科举。最迟废止科举是在1919年，1919年还举行过最后一科科举考试，世界范围内的科举考试最迟废止是在越南,所以科举制对越南社会、历史、文化教育的影响也很大。在韩国,从政府到民间,文化界、学术界都对科举采取一种比较尊重的态度。1994年,在韩国科举制废止100年的时候,韩国政府在首都,当时还叫汉城的景福宫,也就是以前科举殿试的举办场地,相当于我们故宫博物院的保和殿,举行了一个再现科举盛况的百年纪念仪式。他们完全仿照以前科举考试最高一级的殿试,在地上用宣纸、毛笔写汉诗这种形式来纪念科举制被废100周年。后来,他们每年都在景福宫或周围的宫殿举行这种纪念、再现科举的仪式。这种仪式有的时候作为旅游景点,也是一个再现传统社会的场景。

今年4月份,因为韩国的延世大学请我去参加一场博士论文答辩,所以我也到了景福宫去参观。韩国的科文研究其实就是科举文学的研究,请我去参与答辩和做报告,专门讲科文与科举学。后来我去看了一下韩国举行殿试的地方,很有历史感。韩国不仅在首都,在地方也举办过相似的活动,以及纪念科举的仪式,把它作为复兴传统文化的一种形式。由此可以看出他们对科举的态度,这些很值得我们中国人思考。多年前,端午节庆文化被韩国人首先申报世界非物质文化遗产成功,在中国引起轩然大波。其实,中国的科举文化是比端午节庆文化大得多的非物质文化遗产,如果韩国的科举文化活动就像端午祭一样,年复一年举办下去,哪一天他们去申报世界非物质文化遗产,不知我们中国人作何感想。节庆文化只是中国传统文化的一个局部,科举文化是关系中国传统文化的整体。而且他们现在还用电脑体验科举考试,很与时俱进,并且让外国人参与,这就扩大了国际影响。十年前我在为科举平反的时候,有些人说我在为科举招魂,如果他们了解韩国对待科举的态度,会惊诧友邦科举早就是魂兮归来。对此我在一篇文章中说道:"知我者谓我心忧,不知我者谓我何求!"韩国还在2000年的时候印发了有关科举的邮票。越南科举废止的比较迟,现在在顺化那里,也是曾经当过首都的地方举行科举文化节,有状元游街仪式,都是作为正面的宣传,状元会敲着锣、举着旗回家。我们现在对科举只有少数旅游景点会这样做,韩国和越南是很正式的举办科举文化节,进士荣归祭祖这种传统也是敬重先民、尊重传统文化的一种方式。

科举制为东亚国家所借鉴,在一定意义上形成了东亚科举文化圈，有力地促进了中国文化的传播和各国文化水平的提升。同时，西方文官考试制度也曾受中国科举的影响，所以科举对世界文明进程也起过重要的推动作用。科举制通过考试竞争来选拔人才，作为人类创造的重要制度文明成果，是中国对世界的最大贡献之一。用考试来选官的办法曾经被英美等国家学过去，至少把公平竞争、择优录取的制度精神学过去，西方人首先提出来说中国的科举制要比四大发明，比造纸术、指南针、火药、印刷术的发明重大得多。我曾经写过文章指出，在一定意义上，科举制是中国的第五大发明。其实很多西方学者认为科举制是中国对世界的最大贡献之一，有的人认为甚至超过物质文明领域的发明。我在 2001 年发表过一篇论文——《科举制对西方考试制度影响新探》，专门论述过这个问题，在以往学者的研究基础上推进了一步。我在西方的图书馆找善本书，西方的图书馆把 1850 年以前的文献都认定为是善本书，要一本一本借出来阅读抄录，不能复印。可是我在 1993 年，在英国利用半年的时间专门去找这些资料，后来终于研究出来了。从 1570 年至 1870 年的 300 年间，主要用英文出版的、涉及中国科举的文献远不止邓嗣禹文所列的 70 余种，在此之外至少还可以找到近 50 种相关文献，总数当在 120 种以上。由于这些书刊广为流传，在 19 世纪中叶时，中国的科举考试制度已为欧洲知识界普遍知晓，有明确的史料说明英美等国建立的文官考试制度曾受到科举制的启示和影响，科举西传说可以确立。

知今有助于通古，我们了解当今的考试制度，有助于我们理解科举时代的考试制度。对现代高考，包括其他方面考试问题的了解，能够使我们更清楚地看出科举的本来面貌。我们在古代的历史时空行走，走近古人，最后还是要跳出古代，为现代社会提供一种可资借鉴的经验和参考。科举虽然已经过去，但历史并不会完全过去，它还会以潜在的形式存在于我们周围，还会影响我们的现实社会。实行 1300 年的科举制虽然在形式上已废止 110 年，但它的精神实质已经成为中国考试文化的重要构成部分，在今天的公务员考试、高考、司法考试中都依稀可以看到科举文化或者科举考试的影子。历史就以这样一种方式无形地影响社会与文化变迁的进程。

尽管十年前，也就是科举百年祭的争论，已经在一定程度上改变了一些人以往对科举制的片面印象,但是许多人对科举制的了解还是很不全面。甚至连个别在报章上介绍和批判科举制的"专家",还在说明清乡试"每场考三天两夜,三场共十二天六夜",考生被锁在狭小的号舍中苦不堪言。其实,每场考试只有一天,包括入场、考试、出场只有两天时间。考试号舍确实是一人一间,像江南贡院最大,有20644间。(图3)但是每一场进去以后,比如初八进去,初九考完,有的初九晚上就出来,有的初十出来。初十出来,更衣、沐浴,再带一些干粮,十一又进去,十二再考一场,然后十三出来,休息完十四再进去,十五再考一场,前后在贡院的时间是六天五夜。

图3　江南贡院考试号巷

现在我们提倡研究科举的科举学。随着科举学研究的深入,中国人对科举的印象逐渐在拨乱反正。在研究科举之前多数人对科举制可能只有坏印象,在研究科举之后对科举制却有了不坏的印象。科举不是妖魔鬼怪,不是洪水猛兽,不是传统社会的万恶之源,而是中国古代的一项重大发明。我们应客观全面地认识科举,深入系统地研究科举,将科举学研究推到一个新的高度,以无愧于发明这种独特考试制度的先人。

我曾编纂出版一本书叫《科举百年祭》,纪念2005年当时对科举的反思和讨论。当时人们对废科举的纪念关注程度远远大于现在的110周年,今年没有特别的、刻意的宣传,没有专门的推动,但是学界还是有一些讨论。我认为,科举学将成为一个长期研究的学术点和21世纪的显学,有点像20世纪的三门显学,也就是传统文化领域上的显学:甲骨学、红学、敦煌学。21世纪的科举学,一定会成为一门显学。2005年是一个转折点的开始,比如说,2005年的9月2日,也就是中国科举制废止100周年的那一天,在厦门大学举办了"科举制与科举学国际学术研讨会",来了20多个外国学者。第五届在北海道大学召开,第六届还成立了中华炎黄文化研究会科举文化专业委员会。这个研讨会每年一届,一直办下来。而且我提出"科举学"这个名词,现在已经慢慢地得到学界认可。我出版的《科举学导论》这本书,力图将古今中外、文史政教等各方面的科举研究熔于一冶,科举学是一门融汇古今、贯穿中外的学问。(图4)有的学者认为:"历经十多年的孕育、萌芽、破土、成长,今天它已经成为学术界一道伟岸的风景。'科举学'已经被绝大多数学者所认同、接纳和欢迎,日渐成为当今时代的一门显学。"⑰

图4 刘海峰《科举学导论》
(华中师范大学出版社2005年版)

我认为科举在中国的命运有点类似于古代的城墙。城墙非常厚重、冷静、威严,在冷兵器时代可以保护城内的人民,起到抵御外敌的重要作用。但是,随着时代的进步和兵器的发展,在火药、大炮、飞机出现以后，这个城墙根本就没有办法抵御外敌。所以，城墙被认为是一个保守的、落后的、古代的东西，曾几何时被人们拆除，包括像北京那么好的城墙。20世纪50年代，这些城墙被认为是落后、无用的东西，一段一段的都拆掉了。在几十年之后，人们才想起来或者逐渐认识到，城墙其实是这个城市古老的象征，它曾经保护过城内的人民。虽然它现在已经没有抵御外敌的作用，但是它是历史的见证，是非常重要的城市符号、城市象征。所以，现在有不少地方在修复部分城墙，甚至把整个城市的城墙重新恢复出来。这个时候恢复的城墙，它并没有抵御外敌的实际功用了，但是，它是让历史昭示未来，让我们不忘记历史。为科举制平反，还原科举制的真相也是这样。现在已经不可能、也没有必要恢复科举制了，但是为科举制平反，可以让我们重新认识中华民族的历史，可以还原历史的真相，可以为许多被冤枉的民族精英鸣冤叫屈，能够还科举人才一个公道。所以就类似于城墙，我们对科举制的认识也应该走向一个更为公平、更为客观的时代。

我今天就讲到这里，谢谢各位。

注释：

① 本讲座讲于2015年科举废止110周年之际。
②（后晋）刘昫等：《旧唐书》卷一一九《杨绾传》，中华书局1975年版。
③ 李弘祺：《宋代官学教育与科举》，联经出版事业公司1994年版。
④（宋）马端临：《文献通考》卷三二《选举考》五，中华书局2011年版。
⑤《明实录》第十册《明太宗实录》卷二八永乐二年二月，中华书局2016年版。
⑥ 何刚德：《客座偶谈》，上海古籍书店1983年版。
⑦（宋）欧阳修：《欧阳文忠全集》卷一二《礼部贡院阅进士就试》，中华书局1936年版。
⑧《论废科举后补救之法》（录乙巳八月十二日《中外时报》），《东方杂志》1905年第2卷第11期。
⑨ 同上。

⑩ W. A. P. Martin, *A Cycle of Cathay, or China, South and North with Personal Reminiscences*, Edinburgh and London, 1896, pp. 42–43.

⑪（宋）黄坚：《详说古文真宝大全》前集卷一《劝学文》，湖南人民出版社2007年版。

⑫（明）黄淮、杨士奇：《历代名臣奏议》卷二六七苏辙《请去三冗疏》，上海古籍出版社2012年版。

⑬（宋）洪迈：《容斋随笔》，《容斋四笔》卷五《饶州风俗》，中华书局2005年版。

⑭（清）邵廷采：《思复堂文集》卷十《姚江书院训约》，浙江古籍出版社2012年版。

⑮广东省社会科学院历史研究室等：《孙中山全集》第一卷《与刘成禹的谈话》，中华书局1981年版。

⑯褚国飞：《中国历史上的科举、考据与科学——访美国普林斯顿大学艾尔曼教授》，《中国社会科学报》2009年12月29日第004版。

⑰陈长文：《明代科举文献研究》，山东大学出版社2008年版。

郭培贵

中国科举的多重功能及现代启示

郭培贵,历史学博士,福建师范大学社会历史学院二级教授、博士生导师、中国史学科带头人,兼任中国明史学会副会长、中华炎黄文化研究会科举文化研究分会主席团主席等职。长期专注明代政治史和中国科举史研究,在《历史研究》《中国史研究》《文史》等学术刊物发表相关论文70余篇,主持完成国家级、省部级社科规划项目多项,独立出版相关学术专著6部,多篇(部)论著获得省级以上社科优秀成果奖,其中《中国科举制度通史》获第二届全球华人国学成果奖等。

尊敬的各位女士、各位先生、各位朋友，大家下午好！

非常有幸在国家图书馆古籍馆和大家做一个关于中国科举多重功能问题的交流。

我为什么选这个题目跟大家交流呢？是因为科举制作为中华优秀传统文化中一个非常重要的组成部分，其在客观上对当时的社会发挥着多重作用。但到今天，仍然有许多人对其存在着片面或不准确的认识，我们理应对此有一个客观全面的评判。关于科举制的多重功能，早在实行科举的时代，无论是统治者还是老百姓，本来是有比较深刻认识的。但到清末，由于中国面临着列强的宰割和亡国灭种的威胁，当时的大臣和知识分子，如张之洞、梁启超、康有为等，面对这样深重的民族危机，他们寻找原因，就认定这种危机是由科举制造成的。因科举成为当时兴办新学的障碍，而要强国，就必须兴新学，要兴新学，就必须废科举。于是，1905年清廷就在袁世凯、张之洞等人的奏请下，宣布自次年起废科举。

从当时清朝统治者的主观目的来讲，废科举肯定是为了挽救清朝的统治，但客观效果又怎样呢？结果是六年后（1911）清朝被推翻，也就是说废科举不仅没有挽救清朝的统治，还恰恰加速了其灭亡。这对今天来讲，就是应该总结的历史教训，因当时的人们在危亡情急之下对科举功能的认识过于简单化了。科举确实有它的弊端，张之洞等人当时仅仅认识到了它的弊端，而没有看到它还有很多的积极作用，所以说废科举之后，清朝统治很快就土崩瓦解了。我们今天来讨论这个问题，应该说不仅具有学术意义，还具有很强的借鉴意义。

一、选拔人才的功能

选拔人才的功能是科举最为直接的功能。中国历史上有多种选才制度，如最早的公推制、之后的贵族世袭制、军功爵制、察举制、荐举制、保举制等。尧、舜、禹时代，部落联盟酋长是由众部落的首领公推产生的。世卿世禄制虽然是一种世袭的选官制度，但应承认它也是一种选才的方式，因当时"学在官府"，只有贵族才能接受文化教育，所以当时人认为只有出身于贵族家庭的人，才可能是最优秀的人。春秋战国时期，尤其是战国时代，因适应战争的需要，选才实行的是军功爵制。两汉的时候是察举制，魏晋南北朝盛行九品中正制。到了隋朝，才确立科举制度。与此前的选才制度不同，科举制具有如下几个鲜明的特点。

1. 科举制是中国古代最先进的人才选拔制度。再放宽眼界来看，应该说在进入全球化时代之前，科举制也是全世界最先进的人才选拔制度。它不仅以制度的形式实现了选官只重个人的品行学养，把选才的范围逐渐扩展到全体男性良民，而且用以选拔人才的考试制度也日趋完备、严密，客观而公正。中国通过科举考试选拔人才远早于西方，并且对近代西方文官制度的建立产生了直接影响，因此被誉为中国对世界贡献的"第五大发明"。

这里我需要特别解释几点：第一，我为什么强调科举是以制度的形式实现了选官只重个人的品行学养呢？那是因为盛行军功爵选官的时候，想当官就要立军功，或取决于向国家交纳粮食的多少，都不看个人的学养，而科举制则是通过考试的方式选拔人才，只重视个人的品行和学养。察举制在形式上也是重视个人的品行学养，但是因为它缺乏客观标准和制度上的漏洞，所以后来很快就走向了反面，出现了"举秀才，不知书；察孝廉，父别居"的情况。而科举制因有严密的制度，就保证了选拔人才只重视个人的品行和学养。有人可能会问：考生的学养可以通过考试来检验，而科举如何保证考生的品行是否合格呢？回答是：它主要是通过确认考生的报名资格来保证。科举制度规定考生在报考的时候，必须有人给作保，在当时叫"保结"，保证此人品行无亏，才能够有报考科举的资格。考生一旦被查出品行有亏，作保者就要负连带责任，所以说科举只重视个人的品行学养而不考虑家世出身如何，是受制度保障的。

第二，科举制度把选才的范围扩展到社会上的全体男性良民。有先生或者女士可能会问：扩展到全体男性良民？这跟我们今天男女平等比起来，范围小了一半。但是历史是发展的，在人类社会发展相当长的一个时期，女性都是被排除在社会政治生活之外的，不仅中国是如此，西方国家妇女拥有选举权也不过一百年左右的时间。1893年新西兰妇女获得选举权，1920年美国妇女获得选举权，1928年英国的妇女获得选举权，所以说把女性排除在社会政治生活之外，不是中国独有的现象，这是全世界或者说是人类社会在发展过程中共有的一个现象。科举制能够保证社会的全体男性良民都可以报考科举，这已经很了不起了。

第三，科举用以选拔人才的考试制度日趋完备、严密、客观和公正。我们看一个制度公正不公正，大概有几个标志。一是它公开不公开，暗箱操作的事很难公正。科举制是公开面向社会的全体男性良民，它是公开的，而且用以选拔人才的考试制度也日趋完备、严密、客观。比如为了防范作弊，唐宋以来就逐渐完备了"搜检""锁院""考官回避""别头试"等制度。什么叫搜检？所有考生在进入考场的时候是需要搜身的，这叫搜检。科举时代的搜检非常严格，防范夹带用以作弊的东西进考场。不仅考生要搜检，所有的考务人员进入考场也要搜检。"锁院"就是考官一旦被任命为考官，即刻就要进入考场，和外界隔绝。因为当时通讯没有像我们今天这么方便，一旦把人隔离在一个地方，就跟外边失去了所有的联系。"考官回避"是说如果考生里边有和考官存在亲属关系的人，考官就要回避，因而产生了一种特别的考试，被称作"别头试"，即把考官的子弟另分考场进行考试。以上都是防范作弊的方式。再如，在考场之内负责考试的，按大类分有两种：一个是考官，负责出题、评卷、录取，这是最重要的一个部分；另外就是考务人员。为了防止考务人员和考官串通作弊，在考场里边，考务人员和考官也是实行严格的隔离制度。虽然当时的贡院在外面看是用高高的围墙围起来的一个整体，但其内部实际分成三个部分：最里边是考官居处的地方，在此出题和判卷；其次是考务官居处的地方，在此弥封、誊录和对读试卷；另一个就是考场，是考生考试的地方。三个部分皆有门墙隔离，都是为了防范作弊。

到了明代，还创立了"戒誓"制度。进入贡院的所有考官和考务官在临考之前都要集体向天盟誓，保证在考试录取活动期间，严格按照制度办事，恪守规定，秉公录取，并发毒誓：如果做不到这一点，甘当天诛地灭！这种做法实际上是充分调动人们的心理因素来防范作弊，因在那个对天充满了神秘感的时代，一旦发了这样的誓言，考官、考务官一般就不敢再干违法的事。我们今天在填写某些表格的时候，最后一栏也往往要填写保证所填内容属实的文字，但应该说，其对填表人的震慑和心理的约束力，很可能还比不上明代科举的"戒誓"制度。这些都是防范作弊的，因只有防范了作弊，才可能保证科举考试客观公正。

当时的统治者觉得以上措施还不够，为保证公平，明代又发明了考生答题用的八股文。我们以前对它的宣传是什么呢？是统治者束缚人们思想的工具。这实际上是对八股文的一种误解。八股文是一种标准化的考试文体，考试要求公平，这是考试制度本身的一种客观要求，为了保证公平，要从各个层面和角度去防范作弊，八股文就是在这样一个背景下，或者说是在这样一个需求下出现的一种考试文体。从宋代开始，考试都考三场，第一场考四书五经；第二场考表、诰、论等；第三场考策。它要求所有的考生在参加第一场考试的时候，严格按照八股文的格式去答题。八股就是答题的八个程序，先是破题，把考题的意义解释清楚；承题，题意解释清楚了，要按照题意进行阐释；起讲，然后入手、起股、中股、后股、束股，一共是八个程序，所有的考生都统一按照这八个程序去答卷，统一动作才能比出高低。把卷子交上去后，为了防范作弊，还要对每一份卷子进行统一的处理。因为每份卷子的首页都写有答卷考生的信息，所以就需要把这些信息密封起来，我们今天仍然继承这一做法。答题的内容要进行誊录，防止考官通过考生的笔体辨认出考卷是谁答的。因为每一场考试都要誊录，所以专门雇了一大批誊录手，也叫书手。誊录的过程中，有可能出现错误，因为誊录手在抄的过程中有可能抄错或遗漏，这对考生就不公平了，于是再雇一帮人对读，防止抄错或遗漏，冤枉考生，以保证公平。

到了元朝，为了分清责任，又规定在誊录的时候一律用红笔，因为我们知道考生答卷用墨笔，这样既分清了责任，又防止了誊录手在誊录过程中可能私自改卷,所以考官所面对的卷子都是红色的卷子,叫"朱卷"。以上措施就保证了考官不可能通过笔体和考生串通起来作弊,因为他认不出这份卷子到底是谁答的。

另外,唐、宋、元、明、清历代政权,都要求考官必须对每份卷子写出评语。这份卷子好在什么地方,不好在什么地方,是录取还是不录取,都要在每份卷面上做出结论,不能是考官认为好的卷子就给写评语,不好的卷子就不写了。明万历四十年(1612),甚至还做了这样的规定,即要求把所有的落卷都发还给考生。在全部试卷中,落卷应是大量的,以明朝为例,乡试的平均录取率为3%多一点,也就意味着接近97%的卷子要被淘汰,这些被淘汰的卷子就叫落卷。对这些落卷,朝廷要求每个省都要通过府、州、县官员发还给相关的考生。采取这个措施是需要有底气的,也就是考官对落卷的评语应该大致是实事求是、客观公正的。如果说对考卷的评价不公正,自然就会引起相关考生的起诉。所以,只有具有相当的底气,才有可能实行这种措施。

我们今天也有相应的规定,比如说高考查分制度,如果考生对考分有怀疑,就可以去查分,但一般来说,也就是复核一下合计的分数是否有误。比如说有五道题,每道题都得了满分,一道题20分,应该是100分。如果合分者由于马虎疏忽,少算了一道题的分,剩下80分了,这是能查出来的。而对分数本身给得合理与否,只要差得不是很多,一般而言,就很难查得出来。但万历时规定把落卷发还给相关考生,我刚才说了,这是需要有底气的,这个底气就在于考官所给的评语应该大致实事求是、客观公正,唯有如此,才能让考生心服口服。

以上我所说的这些情况,都说明了科举考试的客观公正性。那么考官依据什么做出正确的判断呢?这也有相应的制度。明朝要求考官在给每一份卷子写评语的时候,有一个十二字标准,这就是"醇正典雅,明白通畅,温柔敦厚"。"醇正"指的是思想性,一定要按照儒家的思想。因为儒家的思想是统治思想,按照儒家的思想或者是以儒家的思想为依据来答题,这就叫"醇正"。"典雅",主要是文辞方面,文辞一定要优美,要准确典雅。"明白通畅",指表述一定要明确,不能模棱两可,"通畅"则是指要有严密的逻辑。最后"温柔敦厚",是指整个卷子的表述一定要中肯,不能尖酸刻薄,不能偏激,用词表述尖酸刻薄、思想偏激,就不叫温柔敦厚了。所有的考官都要按照这个统一的标准去评卷。考官又分同考官和主考官两种,同考官之间必须对一份卷子得出共识,都认为符合上述标准,才能推荐给主考官,由主考官最终定夺是否录取。如果一个同考官认为符合标准,另一同考官认为不符合标准,那这份卷子就有争议了,一般也就不能推荐给主考官,当然也有可能交由主考官做出最终裁定。应该说,以上这些规定大致保证了评卷录取的公平公正,说"大致",也就不是绝对的,绝对的公平公正一般是做不到的。

我一开始就说了,科举制是中国古代最先进的人才选拔制度,在全球化到来之前,它也是全世界最公平的人才选拔制度。这样一个制度对西方也产生了重大的影响,比如说西方现代的文官制度,就是借鉴中国的科举制建立起来的。西方人把中国的科举制称作是中国人对人类贡献的第五大文明。我们平时不是经常说四大发明嘛,科举则是第五大发明,而且这个发明不同于前四个发明,前四个发明——指南针、火药、造纸术、印刷术——都是实用科技层面的,但科举制是制度层面的。如果说现在全世界公认的中国传统对世界在制度上有什么独特贡献的话,那就是科举制度。当然我觉得还不仅仅是科举制度,比如说我们的礼仪文明,这也应该是中华民族对世界的贡献。

2. 选才不等于选官。因科举选才是用来任官的,故人们往往把科举直接称为"选官制度",从非专业的角度这样笼统表述也未尝不可。但从专业角度,科举则只是选才即选拔后备官员的制度,而非直接选任官员的制度。隋唐以后,中央的最高行政机构定型为吏、户、礼、兵、刑、工六部,科举考试是礼部负责的事,选官是吏部负责的事,各自归属的机构都不一样,怎么能说它们是一回事呢?我为什么要做这么一个区分?就是为了更好、更客观地评价科举制度。不要把在选官层面上出现的问题算在科举的账上,反过来讲也是一样,即不要把科举方面出现的问题算在选官的账上。

3. 科举虽非直接选官,但二者确有十分密切的联系,即科举选才的直接目的就是为吏部提供候选官源,而且科举功名层级与吏部任官层级的对应性也在不断增强。唐代科举功名与任官尚未形成对应关系。宋代科举功名与任官层级的对应关系初步形成,但尚不稳定。元代进士分为三甲,皆由吏部直接授官,且开始形成稳定的对应关系。明代科举功名体系空前完备,形成了自下而上的由举人、三甲进士、二甲进士、庶吉士、探花、榜眼、状元七级功名构成的功名体系,每级功名都有大致对应的授官范围。科举功名越高,选官则越优越,不仅加强了科举与选官的联系,还显著提高了选官的公平性。

举几个例子,比如说在唐代的时候,考中科举不一定能够当官,因为要想当官的话,还必须通过吏部的考试,即在唐代考中科举,只是拥有了去吏部参加选官考试的资格,只有考中了吏部的选官考试,才真正能够得到官职。如果说在吏部的考试当中败下阵来,即便考中科举,也还是当不上官。如我们熟知的唐宋八大家之首的韩愈,他考上进士了,但是到吏部参加了三次考试,都落第了,就当不了官。最后他迂回了一下,去投奔一个叫董晋的节度使,给他当幕僚,从这个途径走向仕途。这个例子说明,在唐代即使考中科举,也不一定能够当官,当然考中科举,又考中吏部的考试,其仕途会比没有考中科举的人更加通畅。因为到了唐后期,宰相已是超过半数以上都是科举出身的人了,尤其是进士出身的人,但是在唐代并没有建立起科举功名和任官层级之间的对应关系。

到了宋代,这个关系就初步建立起来了,表现在宋代绝大部分时间的进士分为五等,就是第一甲、第二甲、第三甲、第四甲、第五甲,即五甲进士。前四甲进士只要考上了就可以直接到吏部去选官了,当然第五甲在相当长的一段时间内还需要再参加吏部的考试。也就是说,宋代初步形成了科举功名和任官层级的对应关系,但是这个关系还没有那么全面和稳定。

到了元代,这个对应关系已经很全面、很稳定。元代政权存在的时间不长,将近一百年,而且在这近百年当中,实行科举的时间又很短,一共举行了十几科科举考试,录取的进士总数也就一千多人。但是在科举制度的建设上,元代应该说比宋代又有了明显的进步,在我刚才说到的科举功名和任官层级的对应关系方面也有明显的进步。元代进士分三甲,宋代是分五甲，五甲是五个等级，三甲就是三个等级。元代第一甲仅有三个人，即状元、榜眼、探花。其明确规定，状元选从六品官，即只要考上状元就可以当从六品的官，只是从六品的什么官，尚无明确规定，但品级是给确定了。至于榜眼、探花和第二甲进士，则一律授正七品官，第三甲一律授正八品官，这个对应关系已经非常明确了。

到了明代，这个对应关系更加完备。主要表现在两个方面：一是科举功名的层级空前完备；二是各级科举功名与选官层次的对应关系更加固定。在元代三甲进士的基础上，明代在进士之下又增加了"举人"这一级，而且这个层级的人数非常庞大。只要考中乡试就成为举人，举人在明代开始成为一个固定的功名，一旦考上举人，就获得了终身参加会试的资格。这与前代不一样，前代的举人只是获得了一次参加会试的资格，若会试考上了，可以参加殿试，殿试完则成进士；如果会试落第，则举人的身份也就没有了，要想再参加会试的话，就得重新参加乡试，乡试中试再去参加会试。明代只要考中乡试，就是举人，就获得了终身参加会试的资格。朝廷举行会试又很规律，三年举行一次，可以连续去参加，这是一个待遇。明代举人还有一个重要的待遇，就是有了当官的资格。一般来讲，举人应入国子监，才能够被选官。

明代举人是科举功名层级的最低一级，由此往上，是三甲进士、二甲进士、一甲进士。一甲进士跟元代一样，还是三个人，即状元、榜眼、探花。和元代不同，明代从永乐年间开始，在二甲、三甲进士当中再进行一次选拔，产生了庶吉士，其地位仅次于一甲进士，高于二甲进士，当然更高于三甲进士。明代由此形成了自上而下的由状元、榜眼、探花、庶吉士、二甲进士、三甲进士、举人共七个层级的功名体系。

明代每一级科举功名对应的选官层级大致是明确的，如状元授翰林院修撰，榜眼、探花授翰林院编修。为什么要选庶吉士？因为一甲进士就状元、榜眼、探花三个人，人太少。统治者觉得二甲、三甲进士里还有很多优秀的人，但是需要进一步培养，于是就通过考试从二甲、三甲进士里再选拔一批人当庶吉士，送到翰林院深造，一般是学习两年半左右的时间，还要进行考试，考试优秀的，就留在翰林院任编修、检讨，这也是很优厚的。留不下的，就到其他的中央机构去工作，如任给事中、任御史。给事中从七品，御史正七品，品级虽然不高，但是职位非常重要。正七品的御史若到地方巡察，从二品的布政使（相当于今天的省委书记）也得远接高迎，不敢有丝毫怠慢。因为他是代表皇帝到地方，掌握着弹劾从中央到地方文武百官的职权，甚至还可以给皇帝提意见，故又称"言官"。还有一些庶吉士，即便选官不好，也能选一个主事，官阶是正六品。

再往下的二甲进士，如果留在京城的话，能够当什么官呢？能够当六部的主事，就是刚才说的正六品的官，也有的可以选作给事中、御史。到地方上，可以选任从五品的知州。选任地方官的品级，应该说比前代大大提高了。进士里边最低的一级，也就是三甲进士，如果留在京城当京官的话，能当正七品的大理寺评事，或者是正八品的行人，这算比较委屈了，但很快能够升上去。到地方上，最差也能够选一个知县，知县就相当于我们今天的县委书记。而举人的选官层次一般"或授小京职，或授府佐及州、县正官，或授教职"。

明代科举功名和选官层级的对应性越来越紧密，这表明什么？一是表明科举和选官的关系越来越紧密，二是表明选官本身在形式上越来越公平。不用跑门路，不用走关系，只要考上状元，你就是修撰，只要考上榜眼、探花，你就是编修。它不仅加强了科举与选官的联系，还不断提高了选官的公平性。

以上是科举功能的第一个方面，即选才的功能。

二、凝聚社会的功能

科举第二个方面的功能，是具有凝聚社会的作用，或者说，科举制度成为科举时代统治者凝聚社会的最主要的工具，具体表现主要有以下三点：

一是以制度保证了积极的社会流动。由于科举考试具有开放、客观、公正的特性与优势，这就保证了社会底层的良民可以通过读书应试上升到高层，不只是由低层向高层进行流动，社会上层者也同样可以借助科举保持已有的社会地位。也就是说，科举制度无论是对社会地位低的人来讲，还是对社会地位高的人来说，都是至关重要的。地位低的人，只要能够考上科举功名，社会地位就可以上升。如果已经处在较高层次，在科举竞争中获得功名，就可以继续保有已经拥有的优越的社会地位。所以科举就给了社会各阶层的民众提高社会地位或者是保持既有优势社会地位的途径和希望，因此大大增强了各阶层对朝廷的凝聚力。咱们举几个例子，如唐代宗时宰相元载，穆宗时宰相王播，穆宗、文宗时宰相牛僧孺等，这些人都是唐朝比较著名的宰相，都出身于寒门。王播年轻时吃不上饭，只好到庙里跟和尚们混饭吃，就是这样的人通过读书中了进士，最后当了宰相。

到了宋代，这个现象就更加普遍了。比如说北宋著名的政治家欧阳修、范仲淹，还有很多著名的政治人物，他们都是出身贫寒，也都是通过科举进入到官员队伍，最后升至宰相。由贫士中进士而为名臣者比比皆是，所以说到了宋代就有了"朝为田舍郎，暮登天子堂"（汪洙《神童诗》）这样的千古名句。早上起来还是个田舍郎，还是个农民，通过科举晚上就登天子堂了，成了朝中的大臣，当然这话有些夸张，但是夸张里边也反映了一定的真实。再看宋真宗亲自撰写的《劝学诗》："富家不用买良田，书中自有千钟粟。安居不用架高堂，书中自有黄金屋。出门无车毋须恨，书中有马多如簇。娶妻无媒毋须恨，书中有女颜如玉。男儿欲遂平生志，勤向窗前读六经。"主旨就是劝男儿读书，当然最终都得通过科举，科举中式才能实现这些东西，这是宋代士子通过科举提升自身社会地位或保持已有优势地位的真实写照。

我们再看看明代。据笔者对明代进士上三代出身的统计，明代一共有24586名进士，我统计了其中的16141名，也就是统计了将近66%的进士。这66%的进士，他们上三代出身是个什么情况呢？出身于上三代纯平民家庭的进士占了统计进士总数的43.34%，也就是说43.34%进士的父亲、祖父、曾祖父都是纯粹的老百姓，没有任何功名，没有任何官位。我又换了一个角度进行统计，就是明代出身于上三代任实职官家庭的进士占了统计进士总数的近六成，这也说明在明代仍然通过科举保持了很高的社会流动率。社会需要一定的社会流动率，如果说一个社会不流动了，有才能的人不能通过正常的渠道升到社会上层，平庸的人在社会上层不能通过正常的渠道被淘汰出局，那这个社会就会出问题，最明显的就是社会不会稳定。因为有才能的人没有正常的渠道上升，就会走不正常的渠道，社会就不稳定了，而没有能力、品行很差又占据高位的人却不能被淘汰出局，那这个社会将是什么样？大家可想而知。所以说社会要想稳定、要想充满活力、要想发展，它就必须拥有一定的社会流动率。通过科举制度，古代中国社会可以说保持了相当高的社会流动率。明代内阁有阁臣，从官位来讲，客观上应该是在六部之上的。朱元璋废了丞相，所以明朝没有名正言顺的丞相，但是内阁的阁臣，客观上因为他辅助皇帝决策，尤其是明仁宗、明宣宗以后，担任阁臣的人一般都具有侍郎、尚书甚至高于侍郎、尚书的官衔，所以就明朝来说，阁臣也就相当于前代的宰相。当然这个说法不是很准确，但阁臣比六部尚书更加重要，应是肯定的。明代的阁臣出身如何？我也专门做过统计，明代一共有161位实任阁臣，其中接近30%的阁臣都是出身于上三代属于绝对平民家庭的进士。比如最著名的张居正，他家上三代都是平民，而且还是军户。一般来讲，军户与民户的法律地位是一样的，但在实际上，军户地位比民户要稍低一些，这是一般的看法，至少军户地位绝对不会高于民户。以上都说明明朝仍然保持了相当高的社会流动率。

到了清代，由科举引起的社会流动速度虽有所放缓，但普通百姓和几乎所有的读书人仍把科举视为实现社会地位上升的最好渠道。比如说中国近现代著名教育家、中华民国第一任教育部长、北京大学校长、浙江余姚人蒋梦麟，他在自传中这样说：

> 我幼稚的心灵里，幻想着自己一天比一天神气，功名步步高升，中了秀才再中了举人，中了举人再中进士，终于有一天当了很大很大的官，比那位县知事要大得好多好多，身穿蟒袍，腰悬玉带，红缨帽上缀着大红顶子，胸前挂着长长的朝珠，显显赫赫地回到故乡，使村子里的人看得目瞪口呆。

这是他自传里的童年，他的理想就是通过科举步步高升，先考秀才，中举人，再中进士，然后当大官。1904年，蒋梦麟正好十八岁，他真的考上了秀才，可惜他考上得太晚，因为清朝在1903年举行最后一次乡试，在1905年又宣布废除科举，也就是说，他考上秀才的时候已经没有了考举人的机会。所以说这条路走不通了，蒋梦麟才走了另外一条路，去上海考了南洋公学，1908年8月赴美留学。如果不是时代的变迁，从他的自述中我们可以判断，蒋梦麟一定会在传统的科举之路上走下去。所以科举在那个时代成为了一个保有富贵，或者说由底层上升到高层的共同途径，而这个途径是牢牢地控制在朝廷的手里，所以说朝廷通过这样一个工具，大大提高了社会的凝聚力。

还有一种情况，我们知道一些地方政权，甚至农民起义的政权、偏安的政权，也都举行科举考试，为什么呢？是因为这些政权也都认识到这一点，科举考试不仅仅是选拔人才，更重要的是笼络和凝聚人心。比如说，清朝是在东北兴起，皇太极在天聪三年（1629）的时候，就在关外举行选拔秀才的考试，入关之后很快举行了全国性的科举考试。再比如说南明的几个政权，不论是弘光政权、隆武政权还是桂王政权，都举行过科举考试。再比如说李自成、张献忠这些农民起义领袖，他们建立政权后也举行科举考试，乃至太平天国天王洪秀全也举行科举考试。他们都认识到科举考试不仅仅是选拔人才，更重要的是笼络人心、凝聚社会，这是不可缺少的。

二是以制度保证了科举取士的地域平衡，以保障文化落后地区也有一定数量的士子能够通过科举考试进入统治阶层。如明代实行乡试按解额录取和会试分南、北、中卷按比例录取的制度，清代实行乡试按解额录取和会试分省定额录取的制度，这都是科举取士贯彻地域平衡原则的具体表现，由此促进了边远落后地区的文化发展，提升其对朝廷的凝聚力。我们知道，中国地域辽阔，每个地区之间经济文化发展水平差别都很大，而考试却是统一考试，这就在客观上带来不平等。宋代以后，经济重心南移，文化重心也在南移，北方人绝对是考不过南方人的，这一过程从宋代就开始了。比较极端的一次，如明洪武三十年（1397）这一年的科举考试，录取的进士居然全部都是南方人，北方士子一个也没考上，于是就状告考官作弊。实际上还真不是作弊，是什么原因导致的呢？就是因为当时北方经济文化落后，所以考不过南方。这次不过是一次极端的表现而已，北方士子一个都没被录取。朱元璋作为皇帝，他是站在全国的立场上实现对全天下的统治，闻状先是大怒，后又亲自从被淘汰的卷子里挑选出61名北方人重新举行殿试，所以洪武三十年这科进士又被称作春夏榜。因春天录取的那一次都是南方人，夏天朱元璋亲自录取的这一次又都是北方人，故又称作南北榜。科举考试有统一标准，而客观上各个地区之间的经济文化发展水平又不一样，才造成这样的结果。经济文化发达的地区主要在南方，我做过统计，在明朝会试没有实行按地区分南、北、中卷确定录取比例之前，也就是洪武、建文、永乐这三朝录取的进士，南方人占到80%以上。我这里说的南方不是泛指，而是特指今天的江苏、安徽江南地区、上海、浙江、江西、福建、广东、湖南、湖北地区，这一地区在宣德后被划为会试录取的南卷地区。该地区在洪武、永乐年间考出的进士占到明朝进士总数的80%左右，而西南、西北和整个北方加起来仅仅占到20%左右。在最高统治者看来，这显然对巩固全国的统治是不利的：一是不利于促进文化落后地区的教育文化发展，会造成落后地区越来越落后；二是会削弱落后地区对朝廷的凝聚力。所以从宣德年间开始，会试就采取按地区分配录取比例的制度，规定南卷地区只能占55%的比例，比过去降低了25%左右；北卷地区包括今天的河北、北京、天津、山东、河南、辽宁、山西、陕西、甘肃等，可以录取35%；还剩10%，就给西南地区的四川、云南、贵州、广西，再加上安徽的江北部分，这些地区被称为中卷地区。以此提高文化落后地区在会试中的录取名额，进而加强这些地区对朝廷的凝聚力，同时也促进这些地区文化教育的发展。如果不这样设计的话，差距会越来越大，而且会削弱落后地区对朝廷的凝聚力。

三是不断完善对落第士子的优抚政策。我们知道科举考试很残酷，大家从今天的高考就可以感觉出来，虽然我们今天高考的实际录取率已经很高了，从整个高考录取来讲能达到70%~80%，但同样是上大学，大学会有不同层次之分。而在科举时代，录取率是很低的，也就是说淘汰率是很高的。明朝乡试的淘汰率能够达到97%，也就是说录取率平均

3%，会试录取率平均8%。如此高的淘汰率，就需要对那些落第士子进行安抚，因为被淘汰的是绝大多数，如果不对他们进行安抚，久而久之他们就会对朝廷产生怨恨，这对统治者是不利的，对稳定社会也是不利的。如何安抚呢？这种安抚政策在唐朝还不明显，到宋代就很明显了。北宋在"正奏名进士、诸科"之外，对那些屡试不第而年岁又偏大的士子实施优抚政策，给予其"特奏名进士、诸科"的功名。具体规定有所变化，有时候规定考四次或五次考不上就给予功名。宋代的考试是三年考一次，四次考不上就等于十二年考不上。我看到的材料是，得到优抚的士子最少是四次考不上，最小的年岁是四十岁，一般情况是屡试不第五次以上，年岁在五十岁以上。那时候人的寿命都短，人活七十古来稀，能活到七十的人是很少的，如果考了五次、五十岁了还没考上，再考的话也没多大希望了。被淘汰的是绝大多数，他们可能会对朝廷产生怨恨，尤其是宋朝始终面临着所谓的"敌国"，北边有辽、金、西夏，那些人如果投奔过去，领着敌国之兵来打宋朝，宋朝也受不了。所以宋朝就逐渐采取优抚政策，惠赐那些屡试不第而年岁又偏大的人一个功名，叫"特奏名"。如果你考了若干次没考上，又达到了规定的年岁，就可以直接来朝廷再参加一场殿试，这场考试的考题比正式的考试要简单，然后从中选拔一部分人，赐予他们"特奏名进士"或者"特奏名诸科"这样的功名。这个数量有多大呢？宋代320年间，录取的进士和诸科共11万人，其中正奏名的进士和诸科是6万人，特奏名的进士和诸科是5万人，也就是说将近一半的人都是照顾进去的，或者称为优抚，这个功名是朝廷优抚给的，为什么要优抚？就是要提高凝聚力。

到了明代，采取的优抚方式更加巧妙。我们以上讲了正奏名、特奏名的问题，正奏名是正式考上的，特奏名是照顾的。从士子本身来讲，大概也感觉到特奏名比正奏名要低一等，到了明朝，便采取了分级的办法。举人在前朝只是一次性的参加会试的资格，会试考上了，可以继续参加殿试获得进士的功名。如果考不上，下次再想参加会试的话还得去参加乡试，乡试中式了，获得举人资格了，再去参加会试。到了明朝，只要乡试中式成为举人,举人就成了一级功名。我认为这是明朝对于落第士子的一项最大的优抚政策,而且比宋代更加巧妙,原因就在于分级。举人与进士不一样,举人有低于进士的相应的选官层级,明代的进士为什么比元代、比宋代的进士更加金贵?因为人数少了。我们刚才提到,宋代的进士与诸科加起来一共是11万人,明代的进士仅仅有24586名,物以稀为贵,进士人数少了,就金贵了。明朝进士的录取数虽只有24586人,但举人却成为仅次于进士的终身功名,获得了可连续参加会试和选官的资格,没有考中进士的举人总数可达8万人左右,这可以说是科举史上对会试落第者采取的最大限度的优抚措施。而且自明代起,乡试的应试者和落第者——府州县学生员(又称秀才)也成为一级固定的功名,获得了不同于一般老百姓的待遇。第一:其穿的服装和老百姓不一样了,朱元璋为生员钦定了服装样式;第二:每一个生员都可以免其家二丁差徭。只要考上秀才,国家就免除你家里两个成年男丁的徭役,这是很优厚的政策;第三:生员也是分等级的,明中叶以后分为三等,最低一等是附学,然后是增广,最高一等是廪生,廪生享受国家的免费伙食,这也是一项很重要的待遇,每个月可以发给一担粮食,当然了,实际能不能发这么多是另外一回事,起码在规定上是这样。落第士子本来是有可能成为朝廷的消极或者是反对的一面,但是通过以上这些优抚政策,这些人也成为朝廷坚定的支持者,成为朝廷的统治基础。而且在宋、明、清,尤其是明清时期,在广大的社会基层形成了一个庞大的士绅阶层,他们成为朝廷巩固统治的坚实基础。这些人稳定了,这些人忠于朝廷,那对于地方的稳定,对于增强地方对朝廷的凝聚力是至关重要的。总而言之,在明朝,不仅举人成了功名,秀才也成了功名,这都是统治者对于落第士子的优抚,清朝完完全全继承了明朝的制度。

  以上所有的措施,一是促进了积极的社会流动,二是通过科举制度,对不同地区分配录取名额来实现地域平衡,三是对于落第士子实行优抚政策,这三方面都实现了一个共同的目标,就是大大增强了知识分子及其家庭对朝廷的凝聚力。

三、普及儒学的教化功能

科举的第三个功能是普及儒学的教化功能。学校成为科举的基础,科举又成为学校的导向。明代规定以府、州、县学教官所教生员考中举人的多少作为考核其称职与否的主要依据,这就从制度层面把官学置于科举的基础和附庸地位,明末及清代,还形成"科举必由学校"的格局。科举主要考试儒学文化,故各级官学的教学内容自然也就以儒学文化为主,实际上它对儒学起到了一种普及的作用。儒学是中华文化的核心部分,通过科举把儒学普及到全国各地。科举就像一部动力巨大的发动机,把以儒学为核心的中华文化,从以中原为核心的黄河流域持续不断地输送普及到东南地区、岭南地区、西南地区、东北地区乃至西北地区。比如说福建地区,在唐朝的时候还是非常落后的,到了宋代,随着经济文化重心的南移,福建所出的进士数量居然全国第一,为什么会发生这种变化呢?科举起了重大作用。西南地区的云南、贵州,乃至广西、四川也是一样,地方儒学的普及,与科举的推动是密不可分的。

科举普及儒学的教化功能是多方面的,不仅仅是对儒学本身的普及,还在强化考生乃至社会的孝悌意识和促进孝行方面也发挥着巨大作用,这主要表现在以下几点:一是科举制度要求所有的考生都必须孝行无亏,或者说品行无亏,丁忧依规守制才可报考应试,如果不孝的话,就不能报考科举考试了。从这个意义上讲,科举制度对孝悌意识,对孝行是一种促进。二是考试内容要求考生必须具备一定的儒学孝文化理论素养。在科举考试中,本身即有大量的孝行文化的内容,想要中举,就必须精通儒家学说里的孝文化内容,如果不了解,遇到这样的考题那就很难考上了。三是要求考生必须熟记上三代直系亲属和同祖兄弟名字、身份等等。士子们考试时,必须把自己上三代的信息填到考卷的封面上,包括自己的父亲、祖父、曾祖父叫什么名字,有什么功名,当过什么官,就跟我们今天填表似的,没有就空着,有的话就必须填上,必须得熟悉这些信息。熟悉这些信息,实际上对报考科举的每一个人的孝悌意识、家庭家族观念的强化也起到了重要作用。我们今天不这么做了,不这么做的结果就是我们知道父亲的名字，知道祖父的名字，但是曾祖叫什么可能大多数人就不知道了，因此科举制度对于稳定家庭和社会也具有重要的意义。所以说，科举制度对于儒学文化素养的提高，对于儒学文化的普及是表现在各个方面的，是全方位的。

四、为文化和社会习俗的发展不断注入新内容

科举的第四个功能，是为文化和社会习俗的发展不断注入新内容。首先，极大地丰富了汉语的词汇。比如说我们大家所熟知的"破天荒"这个词，就是形容从来没有过的事。这个词第一次应用就是用在科举上面，说的是在唐朝的时候，在今天湖南一带，长期没有人考中科举，第一个考上的这个人就被称作"破天荒"。再比如用"金榜题名""蟾宫折桂""攀蟾折桂""一举成名"指考中进士，又泛指科举中式；用"大魁天下""独占鳌头"指中状元，现泛指名列第一或居于首位；用"风檐寸晷"表示在不蔽风雨的破檐下（考场）抓紧时间，形容科举考试的紧张状态；用"桂林一枝，昆山片玉"（桂花林中的一枝花，昆山中的一块玉）比喻科举中式者；用"小题大做"表示把小题目做成大文章；用"沆瀣一气"比喻臭味相投的人勾结在一起；用"名落孙山"（南宋范公偁《过庭录》载"解名尽处是孙山，贤郎更在孙山外"）代称考试落第；用"连中三元""五子登科"等表示美好祝愿，这些都是科举词汇，就不多说了，总而言之就是科举极大地丰富了汉语的词汇。其次，为文学作品的创作提供了丰富的素材。最典型的就是明清时期的一些小说，比如大家都很熟悉的"三言两拍"，"三言"就是《喻世明言》《警世通言》《醒世恒言》，这是明末著名文学家冯梦龙的作品，"两拍"就是《初刻拍案惊奇》《二刻拍案惊奇》，这是明末湖州人凌濛初的作品，有大量的内容都是描写科举的。再比如说吴敬梓的《儒林外史》，那就更典型了，此外还有清代李汝珍创作的长篇小说《镜花缘》，蒲松龄的《聊斋志异》等等，都有大量科举内容的描写。关于这一点，我推荐一本书，有一位叫叶楚炎的学者写了一本书叫《明代科举与明中期至清初通俗小说研究》，由百花洲文艺出版社 2009 年出版，该书专

门研究明中期至清初的通俗小说,研究科举和通俗小说的关系。

其三,不断为社会习俗注入新内容。唐宋以后社会习俗的发展可以说处处都渗透着科举的影响,比如喝酒的时候可能要划拳,划拳的时候经常喊一个词叫"五魁首","五魁首"就是典型的科举词汇。

五、促进了印刷业等与科举关系密切的行业的发展

科举的第五个功能,促进了印刷业等与科举关系密切的行业的发展,这是经济领域的内容了。我推荐一下刘明鑫的博士论文《明代科举考试费用及其影响研究》,他论述了明代科举考试的费用,主要是经济方面的费用,影响也主要是经济领域的影响,应该说是一部很系统、全面、深入研究科举与经济关系的博士论文。

最后,我们做一个总结,科举的上述功能使其成为把君主、官僚、士绅、民众、政治、教育和社会以及各地区之间联结起来的一个关节点。清代科举虽然日益走向僵化,考试内容陈旧,以致所选人才根本不能适应至为紧迫的富国强兵的需要,不过它作为联结各方的关节点的这个功能并没有变化。但是清末改良维新派却仅仅看到了科举的副作用,甚至把科举视为导致民智不开和国家孱弱的总祸根,我们举一个康有为的例子,很有代表性,康有为这样评价科举,他说:

> 今日之患,在吾民智不开,故虽多而不可用。而民智不开之故,皆以八股试士为之。学八股者,不读秦汉以后之书,更不考地球各国之事,然可以通籍累至大官。今群臣济济,然无以任事变者,皆由八股致大位之故。故台辽之割,不割于朝廷,而割于八股;二万万之款,不赔于朝廷,而赔于八股。

他认为民智不开就是实行科举、八股取士导致的。他把科举当作中国被列强宰割的一个总根源,他扣在科举头上的帽子实在是太大了。1905 年清廷骤废科举,原来被科举结为一体的

各方很快就分崩离析，清王朝也就失去了支撑其存在的社会基础。本来那些士绅阶层是跟清王朝紧密联系在一起的，现在把科举一废，这些人觉得自己跟朝廷没关系了，由支持者变成了反对者。清廷主观上是想通过废科举来挽救统治危机，可事实上却适得其反，恰恰加快了自身灭亡的过程，在六年后的1911年就被推翻了。

如果我们撇开废科举对加速清朝灭亡的影响不谈，而从更加广泛的视野来评价科举的话，就可以看一看梁启超的说法。梁启超在"公车上书"和"戊戌变法"中曾经激烈抨击过科举，但是很快他的观点就发生了变化，他在1910年去欧美游历考察，亲眼目睹西方国家借助科举制度改造成的西方文官考试制度的成效之后，发出了这样的感慨。他说"夫科举，非恶制也"，科举不是一个坏的制度，"所恶乎畴昔之科举者"，过去的科举之所以被人们所厌恶，"徒以其所试之科不足致用耳"，仅仅是因为它所考的内容不足以致用。现在需要发展科技，整天考四书五经，科学能发展吗？并不是说科举的宗旨、基本原则、基本方法不行，而是考试内容不行。"昔美国用选举官吏之制，不胜其弊，及一八九三年，始改用此种实验"，改用考试的办法来选拔官员，"美人颂为政治上一新纪元"，美国人把这样一个改变称作美国政治上的一个新的纪元。"而德国、日本行之大效，抑更章章也"，德国和日本也是学习科举制度，来建立他们的文官考试制度。"世界万国中，行此法最早者莫如我"，科举制度是中国创立的，"此法实我先民千年前一大发明也。自此法行，我国贵族寒门之阶级永消灭，自此法行，我国民不待劝而竞于学，此法之造于我国也大矣！人方拾吾之唾余以自夸耀，我乃惩末流之弊，因噎以废食，其不智抑甚矣！"他说其他国家吸收了我们所唾弃的东西，感到很有成就而自夸，而中国却因噎废食，干脆把它废掉了，这太糊涂了，太不理智了。"吾故悍然曰：复科举便！"梁启超以前也是主张废科举的，但他后来认为应该恢复科举。当然了，梁启超在这里提及的"复科举"，我想并不是原封不动地要恢复科举。我们应该如何理解呢？因为梁启超是一个著名的历史学家，他基本的历史观是进化论，他所说的恢复科举，应该是通过严密的考试制度，以公开、客观、公正作为录取人才的基本精神和原则，而不是说把废掉的科举原封不动地再恢复，再考四书五经。

应该说中国古代科举这种公开、客观、公正的录取人才的基本精神和原则，在我们今天的高考中得到了很好地继承和发扬。我是这么认为的，往昔科举的功能就是今天高考的功能，如果没有高考，普通老百姓的孩子如何往上走，我想普通人不会有什么办法。就目前来讲，对于老百姓来说，高考就是最公平的办法。以上就是今天下午我与大家交流的内容，不当之处，请大家多多批评。

李弘祺

从学以为己到事事关心
——中国教育的特色与反省

　　李弘祺，国际知名研究中国史的学者，毕业于中国台湾台南一中及台湾大学。大学毕业后，进入美国耶鲁大学研究所攻读近代西洋思想史和宋代教育及科举史，1974年获得博士学位，前往中国香港中文大学任教。1991年，转往美国纽约市立大学任教，并出任该大学研究院历史博士课程指导教授，2007年提早退休，回台服务。先后在台湾大学、台湾交通大学及台湾清华大学担任讲座教授，创设人文社会研究中心，担任人文社会学院院长等职，亦曾受聘出任北京师范大学特聘访问教授。著有专书数十种，以《学以为己：传统中国的教育》(英文原名 *Education in Traditional China, a History*) 为最有名，广为中外论文征引，并获得凤凰卫视国学成就奖、国家图书馆文津图书奖。日本关西大学《泊园》学刊称其为"当今世界治中国教育及科举史之第一人者"。

感谢大家在这么热的天气下来参加讲座。我研究中国教育史算起来大概已经40多年了，算是有一点点小小的心得，所以当国家图书馆邀请我来，我就想不如讲自己所写的一本书。这本书原来是用英文写的，在2000年出版，英文原题就叫 *Education in Traditional China, a History*。后来我又花了一些时间，差不多十年才把它翻译成为中文，并且做了一些修改，题目修订作《学以为己：传统中国的教育》。

为什么这本书要定名为"学以为己"呢？我认为传统中国教育的重心和基本的思想、思考的方向是以"学以为己"这四个字作为它的根底的。当然，把中国2500多年或者是说3000多年的教育历史用四个字完全概括出来，那是不可能的事情。如果我说是学以为己，我相信在座的各位马上就会有人说我有许多的例子证明不是如此，可以作为反证。你可以说受教育就是为了要准备科举考试，将来去当官，不过我是说学以为己可能仍然是中国传统里读书的最基本的理想。所以我今天就把题目定为"从学以为己到事事关心"。

什么叫作"事事关心"呢？因为我认为大概从明末以后一直到现在，中国的教育大概有了一个基本上的改变。这个改变并不是说推翻学以为己，而是说我们除了学以为己以外，还必须要关心天下各种各样的事情。所以我现在想邀请大家跟我一起来思考，用什么字眼来概括近代中国的教育可能最为合适，在我目前的想法里，最合适的应当是"事事关心"。所以今天的题目"从学以为己到事事关心"，是我个人这几十年来思考中国教育特色的一些想法，今天我把它提出来跟大家一起来讨论。

我过去在香港中文大学教书，教了十多年，之后我在纽约的市立大学，在那里也教了十八年。我觉得我的人生已经有十八年奉献给了海外的人，我就很希望回到自己的家乡，于是就回到中国台湾，我现在已经正式退休，不过我还是很高兴北京师范大学邀请我来当他们的特聘教授。我一辈子所做的事情完全是跟教育有关，我的父母都是中学的教师，父亲还当过中学的校长，所以他们也都是从事教育工作，我们一家人从事这么长久的教育工作，深深感觉到教育的确是这个世界上最重要且最可贵的工作，从事这种工作实在是人生很难得的且很满足的经验。

几千年来，中国人对于教育可以说是付出了很多的心血。那么这些心血和做出来的工作，是不是完全都正确，这一点我们必须要时刻地反省。西方的经验、中国的经验都可以互相比较，所以我在耶鲁大学读书的时候，也常常研究并参与读西方的思想史，特别是有关教育的思想史。在耶鲁大学，我很幸运碰到了非常多世界第一流的学者，跟他们的交往是我没齿难忘的经历，而且他们对于我的思考有很多的启发，有非常大的帮助。

几年前我应邀在北京论坛参加会议，我写的题目是《中国传统教育的特色与反省》，这篇文章后来刊登在《北京大学教育评论》上。在上面我列出来七个特色，我认为传统中国教育，我们当然可以用学以为己作为它最基本的基调，可是另一方面，中国的教育里大概有七个比较明显的特色，尤其是跟西方的传统比较不一样，可以互相比较、交流。

一、养士教育、任贤观念与科举的实行

养士教育或许跟所谓的学以为己有不太一样的地方，但是就"士"的观念来说，我们如果把一个学生培养成为一个士，那么这个士的教育的中心就是为己之学。任何政府都需要有人来帮忙治理天下。在传统的中国社会里，从孔子开始，就认为帮政府统理天下的这些士，或者说这些君子，必须训练他们，使得他们能够各司其职，然后适合来帮忙管理天下。

中国是世界上最早产生任贤观念的国家，所谓任贤的观念对中国人来说是一个很自然而且很应该的观念，但是在西方的这些贵族国家里，任贤并不是一个很自然的观念。比如说英国，到今天英国还有贵族，虽然他们在社会上跟其他的人都是一样的平等，可是这个平等是在19世纪才真正完全建立的。在那以前，他们并不是以任贤作为基本的观念，他们是怎么样的呢？

他们是以贵族的出身作为基础，所以中国可以说是世界上最早以任贤为观念的国家，孔子很早就已经阐述了这么一个观念。

任贤的观念或制度，用英文来说，叫 meritocracy，merit 就是你能够做出什么样的贡献，-cracy 则是指政治制度。例如现在我们有时候把官僚制度叫作 bureaucracy，用的就是 bureau 和 -cracy，bureau 是政府的各部门，因此 bureaucracy 指的就是官僚的制度。大家听到官僚很不喜欢，但事实上就是各司其职，按照一个人的才能委任他，给他合适的职位，这种制度和按照家庭出身给予官位的制度不一样。任贤是传统中国一个很重要的观念，在这个观念之下，中国终于在隋朝的时候正式创制科举考试的制度。

一般来说，大家都讲隋朝是中国实行科举的第一个朝代，然后实行了1300年，一直到20世纪初才废除科举。科举考试制度的根本精神，大家常常讲说是平等或者是公正，但其实不只如此，它更重要的就是希望能够选到最合适的人从政。当然科举制度不一定能够选到最有才能的人，不过在传统中国的想法里，如果一个人真正是读过书了，如果读的是圣贤的书，从学以为己的观念来读的话，那他一定是一个道德上面，虽然不是无懈可击，但至少是令人觉得非常出色的人。这样的人他一方面有道德的才能，另一方面他给政府做事情的时候就可以做得很好。

所以，传统中国教育的第一个特色就是养士教育、任贤的观念，还有科举的举行或实行。

二、个人人格修养的为己之学及追求独立于官学传统的教育

第二个非常重要的特色，就是个人人格的修养是中国教育最根本的基础，因此常常有人觉得自己读书比后来去当官更重要。读书跟当官可能会有矛盾，因此他们就要追求能够不用当官的、不用受政府控制的，能够独立追求学问，让自己的学术、道德、品德，包括教养，能够独立于天下之间，他们认为这才是真正个人人格的完成。所以这样的观念形成了非常重要的传统，这个传统有许多人说是私学的传统，不过我比较不喜欢说

私学,"私"是个不好的东西,我们就说它是中国人独立为学的传统。这个独立为学的传统,也是建立在为己之学的观念之上,它最好的表现,或者最明显的表现,就是所谓的书院。我知道近年来在中国各地都出现了许多的书院,不管这些书院是否能够真正像传统的书院那样或者继承传统书院的理想,但它们至少表现了中国人的思维方式,即认为读书首先是为了要让自己能够真正成为一个独立于天地之间的人。教育的目的就是要建立独立的人格,这一点是传统中国教育的第二个重要特色。

三、经典教育与长期经学及注疏的传统

传统中国的教育有一个非常明显的特色,就是它有一套书。这些书我们都认为是圣人垂范,是让中国人世世代代去读的,这些书统称为"经"。经典的观念差不多是在孔子之后不久就已经完全形成了,孔子本身就已经贡献了几本书,这些书他认为是大家都必须要读的,读完以后才能成为君子。在孔子之后不久,大家渐渐地就把观念付诸为实践。大概到了汉代就有五本书,叫作"五经",这些书是非常重要的,大家觉得这些书必须要传承历代。为了了解这些经典,很多学者就写了许多的注释,把经典的内容加以发扬阐述,使得人们能够了解它原来的真意。从五经一路下去,流传很久,到了唐代,唐太宗下令编一个所谓的《五经正义》,就是由政府来规定哪一个说法对经的解释最正确。这个经典教育的传统,不只在中国是如此,在西方也是。

五经流传了很久,南宋有一个非常重要的人物——朱熹,或者我们说朱子,朱子对中国的思想史可以说非常的重要,他的影响力仅次于孔子。朱子找出来四本书,这四本书有两本是我们大家非常熟悉的,一本是《论语》,《论语》在过去没有被当作经,可是朱熹给它做了注解以后,《论语》的地位跟经一样重要。其次是《孟子》,《孟子》在过去不太受人重视,从战国以后一路到宋代,虽然各代还是有些人作注释,但是并没有把它当作是经,到了朱子的时候,他说《孟子》也很重要,要作经。另外有两个篇幅比较短的:《中庸》《大学》,所以《论语》《孟子》《中庸》《大学》这四本书都被朱熹选出来,他说这四本书跟经书一样的重要,我们要熟读它们。从此,四书跟五经就

变成了中国最重要的经典,在科举考试里变成了标准的内容。

这种传统在中国非常重要,一个经学的历史当然非常的复杂。在传统的中国要读书,就要从四书五经开始,结束也是四书五经,如果你不熟读它们,大概不可能成为所谓的读书人。

经典的传统在西方也是如此。我们大家都知道犹太人非常聪明,他们虽然亡国了很久,但是到现在还是保留着他们文化的传统和他们的信仰。他们文化的传统或者他们的信仰,就是依赖他们世代相传的这些 Talmud,他们叫 Talmud,就是经典。这些经典变成了他们的文化,这种文化不但维系到今天,而且继续地影响了很多人,世界上如果没有一半也至少有三分之一的读书人读过犹太人的经典。我们虽然对《论语》、对中国的四书五经都感到非常骄傲,但是如果说世界上真正读过中国四书五经的人,我想比不上犹太人。犹太人也有他们非常伟大的经典。

我有一次搭飞机,一个年轻犹太人坐在我身边,长得非常端正,一看就是一个很聪明的孩子。后来他跟我谈话,问了我很多问题,他问的都是我不太知道怎么样问回去的问题。特别是他问了许多关于中国的问题,幸好我是一个中国学者、中国历史学家,所以很多东西我还能够讲给他听,而且比他知道的还多很多,但是我不太能够问他犹太人究竟有些什么样的经典?你们的思想是什么?这个我问不倒他。最后他跟我的谈话结束了,要离开了,他跟我讲很佩服我,学问很好。我真是惭愧得无地自容,因为我根本没有办法考他,可是他能来考我,而且我一看他也不过十八九岁。可见犹太人从小的教育非常令人钦佩,他们也有一个非常丰富的、绵延长久的经典教育的传统。

其他的文化也都有他们的经典,比如说伊斯兰文化。伊斯兰文化的经典也是非常得丰富,他们法律的传统也是非常令人佩服,而且他们对神学各种不同的解释也都极为深入,许多穆斯林学者就是维护着经典的传统。大概所有的文化如果希望能够维持真正的几百年或者上千年,都少不了有一个经典教育的传统,中国自然也不例外。

四、道德教育的重要性

道德教育的重要性，大概中国人一谈到任何问题第一个想到的就是说这个事情该不该这样做，道德上允许不允许这样做。大概中国人比较不太想问月亮究竟是由什么东西组成的，为什么晚上才看见，白天看不见。中国人对这样的问题不是很关心，可是如果一辆车子出了意外，撞了人，这样的事情大家很关心，要看究竟是谁对谁错，为什么开车不认真开，这是我们很关心的问题。这反映出传统中国的道德教育深入人心，人们关心道德问题，思考任何问题大概都是从道德的角度去看对不对、该不该、可不可以这样做。

宋代以后，中国的社会渐渐开始重视一般老百姓的教育。在那以前，我们认为君子就是所有教育的领袖，"君子之德风，小人之德草"，风动草偃，风一吹草就跟着倒，所以君子这个风一定要好。从前有一句话是称颂老师的，叫作"先生之德，山高水长"，其实这句话是范仲淹讲的，后来有人建议说，"先生之风，山高水长"，为什么说"风"？因为君子的本性就应该像和煦的春风一样，一吹过去人人都感到非常舒服。因此，老百姓就觉得君子的教诲或君子的行为很值得接受，愿意跟着他走，这是传统中国的思想。所以我们对一般的人并不太重视他们的教育，而是要他们看着君子，跟着君子走，听君子所讲，那就对了。

五、帝制后期对庶民教化的强化

中国社会越来越复杂以后，职业也跟着越来越多，我们接触到君子的机会就不再是那么容易，所以从宋元以后，渐渐地发展出许多教育的手法，利用许多平民生活的方式来劝导老百姓。譬如有了电视，政府就设法利用电视来传布政府的法令，希望老百姓能够从电视上面看到那种法令。现在我们有了互联网，政府也希望利用互联网来达到所谓教化的目的。从前没有互联网，地方有戏剧，写戏的人把道德教育写进去，使得大家看到这些戏以后，一方面得到了娱乐，另一方面也受到了道德的教育。这些东西差不多从南宋以后，尤其是元朝以后，就变得十分明显。

所以在帝制的后期,我们说中国传统的制度是一种帝国的制度,或者说是皇帝的制度,皇帝的制度到什么时候结束呢?1911年辛亥革命爆发。可以说从公元前221年(秦王嬴政完成统一)一直到公元1911年,整个帝制时期的后期中国开始重视对老百姓的教化。

六、文字考试的重要、凌驾口头的论辩

中国人非常重视考试公正,因此我们的考卷都要做弥封处理,一定要让改考卷的人不知道是谁写的卷子才可以,虽然还是常常发生舞弊,但这是中国考试制度一个非常重要的特色。因此,中国人要想考试成功,字一定要写得很好看,如果字写得非常潦草,那阅卷官就肯定不可能给好分数。从小我的老师常常跟我讲,字要写得好,现在都有电脑替我们写字了,所以大家渐渐不讲究写字。除了字要写得好,留给阅卷人一个好印象以外,还要学习如何把文章写好。大家因此就研究怎样把文章写好,那么什么才叫作好文章呢?终于发明了一种方法,这个方法叫作"八股文"。不管内容如何,重要的是所写的卷子要符合文章的格式,这样才能得到所谓的公正或公平的评价,因此中国人非常重视文字的表达、文字的写作。假定一篇文章规定是780个字,那就正好写到780个字,字又写得工工整整,而且如果一旦分成四段,起、承、转、合,那就按起、承、转、合的顺序来写,每一段就是780个字的四分之一,真的非常齐整。试想,这样子写文章难道不像是在作诗填词吗?根本谈不上能发挥思想。

中国人比较少用口试,现在我们的社会渐渐重视口头表达了,但从前这是考完试以后,到了要任官的时候才做的事情。因此,如何用口头论辩,在传统的中国比较不受重视,之后我们再继续谈。

七、权威人格的形成以及他的内在矛盾性

我提出一个权威人格的形成,那么它存在一种内在的矛盾

性。我用一个很形象的方式来表达，那就是说对上面是称颂得不得了，因为他是权威。反过来看下面的人，我就对他非常瞧不起，而且想尽办法搞得他做事很困难，因为我是权威，这种权威人格我想各位在社会里都一定会常常碰到。中国社会里的礼仪对权威人格相当配合，远远比西方文明还更为全面，下面我开始具体介绍。

中国的教育当然是从孔子开始。记得我当年开始写《中国传统教育通史》的时候，有一次跟一位前辈谈起来这件事情，他说从孔子开始写吗？所以一般都认为中国有所谓的教育是从孔子开始，不过我常用的是比较广泛的看法。我们认为世世代代都有教育，不过中国的教育受谁影响最大，那毫无疑问就是孔子。

这里我们看到汉砖上面有孔子讲经的图，这是汉代的时候，孔子的地位已经非常稳固，因此就刻画了孔子讲经的图。（图1）孔子坐在席位上，大概那里还有一个台，叫作杏坛，传说孔子在一棵杏树下面教学生。在汉代成立了高等教育机构，称之为太学。太学设立了所谓的五经博士，这五经我想各位大概也都知道，《诗》《书》《易》《礼》《乐》，这五经没有《春秋》。后来我们把《春秋》加进去，因为《乐经》后来失传了，所以我们就把《诗》《书》《易》《礼》《春秋》称为"五经"。

图1　孔子讲经图

最早是谁提出来说应该把这五经设立起来，并且办个学校来教天下学子呢？那是在汉武帝的时候，当时有一个儒家学者，他叫董仲舒。我相信很多人都知道，他的影响非常大。

经学的传统由此就开始了，能够当到五经博士，能够教五经的人，他一定很有学问。学生就要不断地传承他所教的学问，就是所谓的师法。学生跟人家讲说我是谁的学生，那是很骄傲的事。

王莽篡汉创立了新朝，汉代的太学到了王莽的时候，变得非常发达。这个图是古代辟雍想象图。（图2）辟雍，简单说就是理想的学校，《周礼》对辟雍有些描述，我们无从证明是真是假，不过至少代表了中国人教育的理想。这个学校的确是非常大，听说学校里还有市场，种了很多树木，这里面有池塘。传统中国人认为学校里一定要有湖，而且这个湖最好是半月形，北京大学就有半月形的未名湖。

图2　古代辟雍想象图

据说王莽时的太学有32000人，在当时的洛阳，洛阳人口大概不会超过20万，就有32000人的太学，非常难以想象。我曾经读西方人写的世界历史，里面提到了中国的太学，但作者不相信有那么多人。一般来说，历史学家需要保持一种批判性的态度，如果只有单个证据，我们都可以存疑，可是我认为从各种情况来说，一定有这么一个辉煌的太学。

魏晋南北朝时期，东晋的太学，地点应该是在现在的南京。到了唐代，也设有很好的太学，这时候叫作国子监，也叫太学。唐代的太学是在长安城的东南，临近曲江，有时候叫作芙蓉湖，其实曲江才是比较正确的说法。

这是大明国子学。（图3）我刚才讲了，有时候叫国子监，有时候叫太学，两者的关系比较复杂一点，我们用很简单的话来说，国子监是管理机构，太学是学习的地方，但是都在一起，所以有时候叫国子生，有时候叫太学生。太学生跟国子生在资格上面有些小分别，我们现在不去讲它了，反正都是高等教育最重要的学校，或者说是最高的学府。

图3　大明国子学

北京的国子监大家都很熟悉，我相信在座的各位朋友都去过，如果没有，我希望您这次听完演讲以后，能够去走走。我最早去的时候是在1987年左右，那时候还没有太修复，现在很有规模了。

政府高等教育的学校不止设在太学、国子监，还设立在各府州，称为州学或府学，这幅图是江西饶州的府学。（图4）府学不只设在繁华的、容易去的地方，在偏远的地方，也都有相当发达的地方府学，例如远在贵州安顺府的府学就非常有规模。（图5）

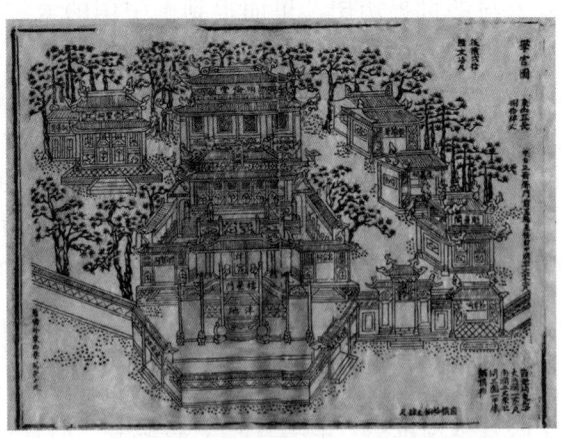

图4　饶州府学图

图 5　安顺府学图

苏州有文庙，是范仲淹创建的，当时称为吴学。这个学校在中国历史上非常有名，在宋代的教育史上占有非常重要的地位，因为不只是范仲淹本人十分重要，当时他还找了一位非常杰出的教育家叫作胡瑗。胡瑗就在吴学经营学校，这个学校后来非常有名。今天的苏州大学仍然是一个非常好的学校，其历史甚至可以追溯到范仲淹在那里创建的吴学。胡瑗是个大学者，功劳很大。后来范仲淹出去主持政务，开始推行庆历新政，他要求全国各地在州以上都设立学校，设立州学。政府应该承担教育的责任，从宋代以后遂变成大家普遍接受的想法。范仲淹去了中央以后，第一件事就是写信叫胡瑗到中央来帮忙办太学。范仲淹对宋代的太学也有他的看法，他请了胡瑗来帮忙，另外请了孙复。吴学办得很好，所以南宋以后举国闻名。南宋在长江之南，虽然只有半壁江山，但当时吴学也还是非常有名，所以很多人都跑来这里读书。

我查到一篇文章，是吴学的教授写的一篇祭文，来悼念一个在学校里患病去世的学生。吴学的教授就等于是学校的校长，他说这个学生姓江（名字没有留下来），是福建福清人。当年从福建到苏州是非常困难的，虽然现在我们可以坐船去，但当时是不太在海上航行的，因为即便是沿着海岸走，也不是那么容易，很少人搭海船旅行。那个校长也是这样写的，说这个学生为了求学徒步来到我们吴学，结果不幸患病死在这里，我们也不知道如何跟他的家长联络，所以我们在这里祭祷他、追念他。这么一个年轻的学子，因为向往到苏州范仲淹创建的学校去读书，结果不幸在学中病逝，所以校长写了一篇祭文来纪念他。我看了那篇文章非常感动，我相信知道他名字的恐怕只有曾经抄过《四库全书》的人了。所以我就特地在我的书上面记了一笔，说这么一个人为了追求学问，不远千里到著名的学校去读书，却不幸去世，学校就是那所吴学，他们也很好，为他写了篇祭文，办了一个追悼会。

县学就比较简单了，我们在许多地方志上面都会看到县学的图画。例如这是扬州的县学。（图6）下一张图片是远在崇明岛的乡学，现在相当有规模，不过我相信它原先也只是一个很小的乡学。（图7）北京有首善义学，应该是在东城区崇文门外东晓市街，这是康熙时设立的一个社学，后来改称为金泰书院，现在叫作金台小学。（图8）各位如果有兴趣的话，可以去找一找这个叫作首善义学的学校。"首善"这两个字很早就有了，元朝的燕京大都就有首善书院。

图6　扬州县学

图7 崇明岛乡学

图8 金泰书院旧址

关于选举、贡举、科举。中国人很早就主张任贤的制度，学者们现在就常用科举的文化来解释科举制度对中国文化的影响，比如说，科举对家族组织的影响。可以说中国是一个考试文化非常发达的社会，各地都有专门的地方作为学生考试的场所。明清以来，最重要的当然是北京的贡院，不过现在已经拆掉了。我们现在反而比较知道江南的贡院，它曾经多次重修。现在里面做了很多的展览，也修了一个很好看的大门，就在秦淮河畔。（图9）贡院里是一个一个的格子，现在的高考虽然不再在一个个格子的场所考，但是紧张的情形是一样的。

177

图9 江南贡院

　　考试的时候，明清时大体是坐在椅子上。很有趣的是在韩国，他们竟然是席地而坐，在地上写考卷。明代以前，我们可以从传统中国画里看出来，很可能也不是坐在椅子上，而是站在桌子旁边，也就是说是站着考，非常有意思。

　　各位可能看得出这是一个麻衣，原来这上面一点一点都是字。（图10）有些人考试作弊，带小抄进去，小抄写在布上、内衣或手绢上。我有一条这样的手绢，上面写着密密麻麻的字，我戴眼镜都看不太清楚。我不知道当时的人是怎么看的，大概年轻，所以可以。考试完了以后再看榜，我们现在流传"解名尽处是孙山，贤郎更在孙山外"这样的话，表示榜上无名。要是上了榜，那就是"春风得意马蹄疾，一日看尽长安花"，这句诗是唐代的诗人在讲他们考试上榜高兴的情形。这张图是仇英所画，很少有画到科举考试的，反映的是看榜的情况，可以看到人很多。（图11）为什么人很多？因为考生要去看，如果考生年纪很小的话，考生的家长也要陪他去看。其他人也要去看榜，看到了以后赶快冲到考生的家里去报讯，报讯就可以拿到一个红包，所以看榜的地方就聚集了很多其他人。

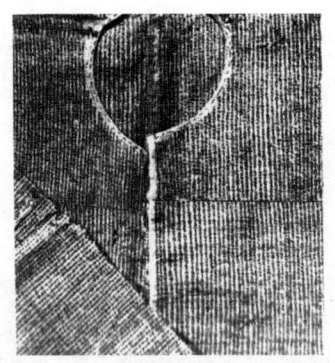

图 10 麻衣

图 11 《观榜图》

　　清朝末期有个状元叫作张謇,张謇是南通人,当时人的习惯是互相见面时,都称为老爷。张謇中状元的时候还相对年轻,所以其他人看到他得了榜首,也就是状元,赶快写了一张很大的纸,上面写"高中状元",然后去恭喜他和他的家人。因为当时张謇很年轻,所以就写作"令少老爷",你们家的少年老爷考上榜首了,所以就去恭喜,去讨红包。

　　这是西安现在都还在的大雁塔,唐代时,放榜就在这里。(图 12)考上的人后来就会在那上面题名,现在流传一句白居易的诗:"慈恩塔下题名处,十七人中最少年。""最少年"的白居易是多么的得意,十七个人被录取,而自己最为少年。真是意气风发,考上了,立了进士的题名碑,而且自己的家乡不久也会立牌坊,标明是进士及第。

图 12　西安大雁塔

　　科举制度在中国社会非常重要，因为它影响了中国社会里家族的组织方式，我有专门的文章写这个问题。特别是在宋代，因为宋代科举非常重要，影响了宗族组织的改变。秦汉时期，《礼记》规定有大小宗，五世而终。魏晋南北朝至唐代中叶，当时是贵族社会，讲究谱牒、地望，祭祀共同的祖先，不再局限于五代以内的亲人。唐五代时期，贵族社会衰落，大地主拥兵自重，血统关系沦落，所谓家族往往包括了附庸的奴仆，而本地的亲人却不再被记为家族的成员。所以，我说宋以后血缘、地缘并重，宗族组织兴起（特别是在南方），家庙及公田（祭田、义田）普及，本地的同姓即使没有血缘的关系也可以加入家族，而迁出的族人逐渐脱离关系。传统上，中国人都是讲大宗小宗，然后五世而终，换句话说如果隔了五代，那么大家就不再是亲戚了。但事实上，特别是在南方，只要还住在一起，都还住在本乡，那么虽然隔了所谓五世，只要是同姓，仍然算是亲戚，维持宗族组织的继续。这样的宗族，久而久之就会设立祠堂，甚至于大家一起出钱买一块公田，公田的收入专门用来维持这个祠堂，祭祀祖先。同时，它的收入也用来教育及培养族人的小孩，最好每一代都有人能够考试中举，这样这个家族在地方上的影响力就可以一直维持下去。这种家族的组织差不多到宋代以后才有，中心活动往往是维持一个家庙，用来凝聚大家的向心力。南宋时，朱熹甚至写文章提倡这样做，朱熹也认为既然普通人已经可以设立自己的家庙，那么从前只许天子与贵族才可以有家庙的传统就改变了。所以，我常常说宋代的宗族组织产生了重大的改变。

　　进一步说，传统中国的士绅可以说是有君子地位的人，可以说是地主、官员和读书人的三位一体，地主培养家人出去当官，首先要读书，读经典。所以，读书人、官员和地主，这三个变成了一种三位一体。当然也有些读书人考试不成功，当不了官员，那他就不太可能成为士绅。一个地主如果不能培养下一代，让他们考试成功，那么这个地主的地位就会难保。所以，这三样的同时发展非常重要。读书人除了当官之外，还培养文人的生活方式，有别于一般劳动的普通人。这张是高克朋画的《文会图》，描绘的是读书人最向往的生活——琴棋书画。（图13）各位如果能把这四件事情做得非常好，那可以说是真正代表了传统中国士人、文人的休闲理想。

图13　《文会图》

科举让读书人和地主的生活理想变成当官和拥有优越的休闲生活，这样的教育理想显然与学以为己有出入，所以南宋以降，就开始有批评的声音，朱熹是最重要的代表。他借由创立书院来表达他对科举文化的批判，以彰显他的教育理想。下面我们来讲一讲书院。首先，书院最主要的特色就是对科举产生批判。《白鹿洞书院学规》的序里，朱熹就特别强调读书不是为了科举，而是"为己之学"。

现在全国最有名的书院大概是岳麓书院，我相信在座一定有人去过那个地方。"惟楚有材，于斯为盛。"（图14）所以湖南人看到这八个字都非常地高兴。白鹿洞书院在中国历史上一直非常有名，这张图片可以看到有朱熹的铜像，而背后则是重盖的藏书楼。（图15）此外还有嵩阳书院、石鼓书院等。不只是这些有名的书院，还有许多地方的书院，比如说广东省罗定市的菁莪书院，是颇具地方特色的乡约书院。

图14　岳麓书院

图15　白鹿洞书院

白鹿洞书院的学规远远比岳麓书院的学规有名，它不仅传颂于中国，也流传到韩国、朝鲜，甚至于日本。很多人年轻的时候都会背。岳麓书院的学规，如果我没有记错，是乾隆时候才立下来的，它不仅时间较晚，也不像白鹿洞书院的学规那么深入人心，无论如何，学规的普遍订定反映了不同人对教育理想的想象。虽然明代政府（朱元璋是最重要的代表）常常颁布全国共同遵循的学规，但是标示各书院办学精神的学规也仍然在继续。

以儒家经学为中心的教育系统的复杂情形，从六经、五经到十三经这些不同的名称就可以看出来。历代政府都认为应该把经典刻在石头上面，让天下读书人有一个可以依据的标准版本，从汉代就已经是如此，现在各地还能常常看见一些历代流传的石经。没有印刷术以前，政府就必须颁示标准的版本，最可靠的就是中央政府刊刻的石经，然后大家到那里去比对。印刷术流行以后，政府就会印制各样的标准注疏、集解，宋代以后有各式各样的《四书大全》，《十三经注疏》甚至于流传在藏语地区。《十三经注疏》，我家里也有一套，作为一个读书人这个是必备的。"十三经"的名称在南宋时开始使用，也有把十三本经印在一起的，但是十三经这个名字直到明初才确定了下来。

对庶民的教育，可以通过格言、故事、家训、善书、祭祀、祭典仪式，还可以通过戏剧来教育、教化。从前统治者认为只要君子受教育就可以，希望他们能够影响普罗大众，可是从南宋、元代以后，统治者越来越觉得大众也必须受到教育。虽然不是正规的教育，但是因为印刷术普遍了，更多的人可以读到书了，所以也应该教化他们，这一方面许多人都有重要的贡献，朱熹如此，王阳明（王守仁）也是如此。

现在大概很少有人能够把《二十四孝》的故事全讲出来，而且现在读了会觉得很奇怪，为什么这种行为会被称之为孝？比如说有个读书人叫吴猛，为了让父母晚上睡觉睡得安稳，自己先到父母的床上睡一段时间，用自己喂蚊子，蚊子都饱了以后他才叫父母进来睡觉。我想这个非常不科学，不过像这一类的教育内容却在中国流传了几百年。

宋真宗讲"书中自有黄金屋，书中自有颜如玉"，这是在劝读书人，读书重要。尤其是大部分的读书人没有考上科举以前，大概还没结婚，所以说"书中自有颜如玉"。

以前有各种劝善书，我相信现在也都还会有发这种善书给人的社会习惯。善书，顾名思义就是里面有很多劝人为善的话的书，像"种瓜得瓜，种豆得豆""善有善报，恶有恶报；如果未报，时间未到"一类的话。这些话许多都是善书上面流传的，我们跟小孩子讲的话常常都是可以在善书上面看到的。这些话跟考科举没有什么关系，可是在民间流传很多，因为它能够起到教化的作用。还有一种东西叫功过格，每天晚上就好像写日记一样反省自己白天做了些什么事情，这些事情是不是善。有一本册子就告诉你，善就可以得比如说五百功，那么如果是做了一件坏事，例如踩死了一只蚂蚁，这个册子可能会说应该罚三百功。每天晚上就去计算一下功和过，将来有一天到了九泉之下，就要去看看这一辈子自己功过如何。功过格起先是读书人做的，后来在民间也很流行。

家训、家戒、家规方面，考试不会考这些，可是很多人都会把它记住，它们有教养、教化的功能。祭祀活动方面，一年里经常有很多祭祀的活动，这些活动的设计一定会反映出社会教化的功能。社会教化还强调对三纲五常的教育，学生听老师的，这很重要，老师的师法要好好地遵守。过去新娘嫁到丈夫家里去，第一件事情就要学会奉茶，学会听公婆的话，因为妻以夫为纲。三纲就是：君为臣纲，父为子纲，夫为妻纲。

对于文字考试跟论辩考试的差别，从传统来说，中国人本来是非常重视对话的。《论语》是一个对话录，而且《论语》不像柏拉图的对话录那么长篇大论，它都是很简单的对话。中国人其实也很重视演讲，汉代有一个叫作文翁的人，他自己设立了一个可以说是独立的学校，不靠政府的力量，而是靠自己的力量，设立一个地方讲学，所以书院其实也可以讲在文翁时就已经有了。不过我个人对文翁有一点点怀疑，为什么那么巧，他的名字就叫文翁，除了《汉书》有很短的记载，不见于其他史料，不知道其他任何事情。不过无论如何，从汉代画像砖上的图来看，他也是像孔子一样，坐在那里和学生们谈话。

佛教传到中国以后，讲经非常重要，如何把经讲好，是有一定学问的。比如说早上演讲之前，魏晋南北朝时，必须要有助教先来讲、来造势，把气氛带起来，之后讲师才上来讲经，这个氛围就非常令人向往。所以《高僧传》里就常常讲，高僧在讲经的时候连鸟都栖在树上不敢动摇，马都伏在地上听讲，演讲能够达到这样高超的境界，那就实在是太令人向往了。所以，演讲的技术在传统中国也是很高明的，至少也很受重视。

宋代有两位大学者，一个是朱熹，一个是陆九渊。陆九渊擅长演讲，有一次朱熹请陆九渊到白鹿洞书院演讲，陆九渊讲"君子喻于义，小人喻于利"，这是《论语》里面的一句话。他讲完了以后，本来天气还很凉，朱熹却汗流浃背，觉得陆九渊怎么讲得这么好。当陆九渊演讲完以后，朱熹站了起来就对陆九渊行了个礼，说今天讲得实在是太好了，自己和弟子不会忘记，然后就叫学生们把陆九渊的讲词刻在石头上面。可见，陆九渊是非常会演讲的人。据说他每天早上出去讲课，把衣服穿整齐，就等着敲钟，敲了之后，他就坐轿子到讲堂。这个时候所有来听讲的人都已经坐好了，按照年纪大的坐在前面，年纪轻的坐在后面，有秩序地坐下，大家静默无声，等待陆九渊进来。先生进来以后就走上了讲台，开始讲经或者是讲他对经书的注解，听的人无不动容、感动，这就是对陆九渊演讲情况的记录，非常令人佩服。即便是几百年之后的现在，我看到这样的记载都还会感到非常地兴奋。可是并没有听说朱熹特别会演讲，朱熹很会面对面来谈话，用对话的方式回答问题，然后学生们再记录下来。换句话说，朱熹的影响对后世比较大，比陆九渊大，至少到王阳明之前是朱熹的影响比较大。所以大家还是比较重视对话，演讲的技术大概到了宋代以后就渐渐地消沉，虽然陆九渊非常会演讲，可还是朱熹的影响比较大。

再之后有了讲学，比如鹅湖讲学、东林讲学等等。听说东林的学者也很会演讲，但是他们是讲会，那种讲会不以演讲为中心，而是以对谈为目的。所以中国人对于演讲术并不是特别的重视，而是比较强调考试，用文字来考试。这个和西方比较不同，西方文字的考试一直不重要，都是口试。我记得有一次我去哥伦比亚大学，哥伦比亚大学算是世界上非常好的大学了，那里的一个前副校长是我很尊敬的学者，他研究中国思想，叫狄培理（William Theodore de Bary）。有一次我去看他，到他办公室的时候，外面坐了三个大学生，我就说："你们也要等着看狄先生吗？"三个女学生说："是啊。"我问说："那他怎么没有叫你们进去？"其中一个女生说："因为里边还有一个人，他在考试。"狄先生那个时候已经快九十岁了，他不仅没有退休，还教大学本科的课，而且对每一个学生进行口试。班上五十几个学生，一个一个口试，想想这是多么繁复辛苦的工作，西方人认为这才是真正认真的考试，所以东西方对于考试的想象很不一样。另外，他们也讲究要坐下来互相辩论，到今天英国国会的辩论还是这样，多数党坐这一边，在野党坐对面，在野党的领袖跟多数党的领袖互相辩论。看他们的相互诘难，必须思辨明确而迅速，真是精彩到了极点。东西方的训练不同，所以使得东西方有许多文化上的特质不一样，我并没有说哪一边比较好或哪一边比较不好。但是后来中国的考试制度到了用八股文的时候，我想讲话的技术就已经走到了末路，只剩下客套话了。

既然讲到了明清时代，我应该也谈一下事事关心，首先从"天地君亲师"说起。邵雍是最先把这五个字放在一起连着讲的，到了雍正皇帝就正式颁令全国，在学校或私塾悬挂。广义的教育就是要把这五个字作为知识（特别是道德的知识）的权威和来源；狭义的教育就是以老师为道德的楷模和知识的代表。所以中国老师的地位就非常重要，"一日为师，一生为父"，这句话首见于汤显祖的《牡丹亭》。它非常有意思，因为在汤显祖之前，已经有人讲过类似的话了，学者们在敦煌曾发现一个叫作《杂抄》的卷子，《杂抄》里讲了许多道德教育的内容，其中有一句就说"一日为师，是日为师"，后来就发展到了"一日为师，一生为父"。如果"一生为师"，那还有点道理，但却变成了"一生为父"，这样的要求也未免有点太高了吧！

明代有一个人叫作海瑞，大家都听过他的名字。虽然大家也很佩服他，但是我有时候觉得海瑞的性格也未免太强硬了，有一些事情难道真的必须要做到那种程度吗？比如海瑞这么说，"有犯于各衙门，罪人也""亦勿得免冠叩头，奴颜哀免，自贬士气"，读书人得罪了衙门，一旦被抓了也要挺起胸膛。我想这个很难做到，或许只有海瑞做得到。为什么有这样反抗性格的人？因为中国是属于家天下的社会，从天子以下，中国人假借权威作威作福的官吏太多，使得海瑞觉得非常愤慨。海瑞以后不久，就有人这么写道："后之为人君者不然，以为天下利害之权皆出于我，我以天下之利尽归于己，以天下之害尽归于人。"

这是黄宗羲在《明夷待访录》里讲的话，说得很动人心弦，这样的要求其实与中国人有一种所谓的权威人格有关系。我这么说，相信大家都不是很容易了解，我就把它提出来请大家思考，不再多说。当然，我在我的《学以为己：传统中国的教育》一书中有比较充分的讨论，有兴趣的朋友们可以参考。

现在回到"事事关心"，它是东林学者顾宪成讲的。东林书院有一幅有名的对联：风声雨声读书声，声声入耳；家事国事天下事，事事关心。当然，"事事关心"这四个字出现在中国是早于顾宪成的，但是"事事关心"本来只是说每一件事情都让我心里有一种共鸣、有一种反应或反响。到了顾宪成这里，意思变了，变成说天下所有的事情都是我们所应该关心的，世界上所有的事情都是我们所应该关心的。其实王阳明也讲过一些话，这些都表达了一种所有的事情都是我们要关心的，所有的人都是我们必须要教育的意思。我刚才讲过，从宋元以来大家已经开始注意到对庶民的教育，民众都必须要受到教育。这里有一种平等精神，这种平等的精神到了王阳明这里发挥得非常清楚。到了顾宪成，他就把这个平等的精神转化成为一种所有天地万物、民胞物与都是我们必须要关心的。这里有一个转折，这个转折非常重要，也使得我们中国近代的教育有一个新的反响。

我相信在座的一定有人去过东林书院。（图16）王阳明有一个大弟子，这个人叫作王艮。王艮非常强调平等主义，他是泰州人，所以他的学派叫作泰州学派，他有时候被人称为左派阳明，因为他主张所有的人都必须要接受教育。因此，只要他出去见到人，他就跟他们讲大道理，尧舜禹汤、文武周公，一脉相承的这些伟大的优秀中华传统文化，必须要让大家懂，不管对方是商人、牧羊人还是樵夫，都必须要懂。王艮这种不分上下、不分君子小人的观念，变成了新的教育指引，这和以前不一样。之前是君子受教育，小人跟着君子走，王艮说人人都可以成为尧舜，不只是君子而已。所以，王艮的教育观念产生了很大的影响。虽然一般来说儒家不太喜欢他，说他是左派王学，但他有一些弟子，比如颜钧、韩贞文、何心隐，他们这些人都承续了王艮的这种教育理念和教育实践，非常强调平民的教育。据说王艮走在路上，就一路跟人讲学。

图 16　东林书院

从这样的精神里自然产生了对科举以及八股文的另一种批判，例如黄宗羲、顾炎武、戴震，还有吴敬梓等等，这些人都对科举考试做出了非常严厉地批评，尤其是对八股文。所以，从明末以来人们对科举以及八股可以说是已经有了非常明显的厌恶，简直是到了极点。

中国的学生从明朝以来没有学生运动，一直到1919年5月4日，北京大学等学校的学生走上街头抗议政府在《凡尔赛条约》上把德国人在山东的权益转让给日本。北京大学当时的校长是蔡元培，在他的观念里，只要是优秀的学者，校长都应该罗致他来教书，这个观念跟以前只许背诵四书五经的人才能教书是不一样的。当时有一个很有成就的学者，名叫梁漱溟，他提倡在所有的农村里推行识字教育，要所有的人都识字，他做了很大的贡献，所以蔡元培就请他到北京大学去教书。另外一个人叫晏阳初，他也推动农村的复兴。陶行知是大家熟悉的教育家，他也是推动识字的教育，后来他办的学校培养出很多共产党革命领袖。蒋梦麟也在台湾地区推动农业复兴的运动，以上这些人都不是传统的中国知识分子。过去教育的重心是儒家的经典，把个人的涵养和人格培养起来就能成为天下的领袖，但是这里谈到的学者，他们认为必须要所有的人都受到教育，农村要复兴起来，我们才能够有一个完美的社会，人民生活的福祉才会得到保障。这是现代教育的"关心"，和从前的学以为己是相连又不相连、相似又不完全相似的新的理念。

今天我的演讲就是把传统中国教育的发展和特色做一个我个人的反思，欢迎各位提出看法并指教。